Lo que debemos saber sobre la historia de la Iglesia

CHARLENE ALTEMOSE, MSC

One Liguori Drive ▼ Liguori, MO 63057-9999

Imprimi Potest:
Richard Thibodeau, CSsR
Provincial de la Provincia de Denver
Los Redentoristas

Imprimatur:
+Reverendo Joseph F. Naumnn
Obispo auxiliar/vicrio general,
Arquidiócesis de St. Louis

ISBN 978-0-7648-1039-8
Número de la tarjeta de la Biblioteca del Congreso: 2002117369
Propiedad Literaria © 2003, Libros Liguori
Impreso en Estados Unidos
15 14 13 12 / 7 6 5

Las citas bíblicas son de la *Biblia de América*,
cuarta edición, 1994.

Todos los derechos reservados. Ninguna parte de este libro puede ser reproducida, guardada en un sistema de computadura o transmitida sin el permiso por escrito de Libros Liguori.

Para pedidos, llame al 800-325-9521
www.liguori.org

Contenido

Introducción: La Iglesia peregrina 7

Parte I: La Iglesia de los primeros siglos 13

Parte II: Los comienzos de la Edad Media 35

Parte III: Desde la alta Edad Media hasta la Reforma 51

Parte IV: La Iglesia contemporánea 81

Bibliografía 111

Lo que debemos saber sobre la historia de la Iglesia

Introducción
La Iglesia peregrina

Nuestra Iglesia es una Iglesia peregrina y una manera de pensar en la historia de nuestra Iglesia es experimentarla como una peregrinación. En nuestro viaje hacia el pasado visitaremos épocas sagradas, lugares, eventos y a personas. Vamos a ver cómo la Iglesia cristiana se transformó de una secta judía insignificante y se convirtió en la influencia de fe católica que es hoy día.

Esta peregrinación en vez de ser un repaso de detalles históricos, considerémosla como algo que pasa hoy día. Veamos la mano de Dios en cada persona, en cada lugar y en cada evento. De esta manera llegaremos a comprender cómo el pasado influye nuestra vida de católicos hoy en día.

Emprendamos esta peregrinación como individuos, con nuestras experiencias personales de la Iglesia. Pertenecemos a un grupo de creyentes que comparte una fe, pero cada católico tiene una percepción única de esa fe. Unamos nuestra experiencia al entusiasmo, al heroísmo y a las dificultades del pasado. Empecemos como individuos, pero combinemos nuestra fe con la sabiduría y con la fe común de aquellas personas que a través de los siglos, desde el nacimiento de Cristo, se han dedicado a la misma búsqueda. Ojalá que completemos esta peregrinación renovados en mente y en espíritu, agradecidos por nuestra herencia católica.

Nuestra peregrinación es una jornada doble: no sólo vamos hacia el pasado, sino que también vamos hacia lo más profundo de nuestras almas. La peregrinación nos reta a crecer, a convertirnos y a entablar una relación más íntima con Dios. Revivamos esta jornada y al igual que un peregrino, ojalá que nos renueve y nos refresque.

La preparación para la peregrinación

Igual que los peregrinos se ponen ropa especial, pongámonos nosotros también ropa especial de peregrinos, el manto de la fe. Creamos de todo corazón que la Iglesia, como revelación de Dios, es la presencia continúa de Jesús que prometió, "Siempre estaré con ustedes". La peregrinación sólo nos beneficiará si tenemos fe. Creamos que la Iglesia es el plan de Dios para nosotros, el camino por donde vamos hacia Dios.

Pongámonos las sandalias de la empatía. Caminemos siguiendo los pasos de los que ya han ido antes que nosotros. Tratemos de entender el mundo de una cierta época, tan diferente de la nuestra. Veamos la Iglesia que ha obrado en todas las épocas, de maneras diferentes que las que nosotros experimentamos. Revivamos la vida de fe católica de las personas de otras tierras y de otras épocas.

Pongámonos el sombrero típico de los peregrinos de la mente abierta. Aceptemos la naturaleza especial de cada época. Démonos cuenta de cómo la Iglesia adapta el mensaje cristiano a cada circunstancia y a las necesidades de cada momento. Seamos abiertos de mente al encontrar cómo se practicaba la fe en el pasado.

Igual que los peregrinos exhiben su insignia, como una concha es el símbolo bautismal del renacimiento y de la resurrección, nosotros también llevemos el emblema de nuestra alianza a la Iglesia, nuestro compromiso bautismal. Ojalá que nuestra fe se renueve en esta peregrinación.

Viajemos con pocas cosas y emprendamos la jornada sin llevar nada que nos impida tener un compromiso total. Deshagámonos de cosas innecesarias, como los prejuicios insignificantes y estereotipos de la Iglesia. Tengamos una visión clara y estemos listos para experimentar la Iglesia de cada época con ojos llenos de gratitud y de asombro.

Llevemos el bastón de oración de los peregrinos. Pidámosle al Espíritu Santo que estabilice nuestra fe en los momentos cuando encontremos historias y prácticas desconocidas de la Iglesia. Oremos para que tengamos la mente abierta y comprendamos nuevas cosas gracias a los dones de la comprensión y de la sabiduría.

Démonos cuenta de que, al igual que pasa con cualquier peregrinación, nos alejamos de lo cómodo y de lo familiar de las ideas que tenemos de la Iglesia. Descubramos la Iglesia como aparece en varias culturas en su dimensión humana, que a menudo no es el ideal. La Iglesia también es una peregrina que camina hacia la plenitud en el reino de Dios. Estemos listos para aceptar el reto de hacerle frente a prácticas pecaminosas, escándalos, de malas decisiones y a males que son parte de nuestra historia de fe. Estemos preparados para encontrar sorpresas placenteras al experimentar el heroísmo y la fe fervorosa por el camino. Si estamos conscientes de cómo el Espíritu nos guía, puede que descubramos algo nuevo acerca de la Iglesia y de nuestra propia fe.

Igual que los peregrinos que buscan el descanso en albergues a lo largo del camino, nosotros también pausamos cada vez que cubrimos quinientos años de la historia de la Iglesia y examinamos todos los recuerdos de esa época específica. Preguntémonos qué podemos aprender de esa época y cómo los eventos de ese tiempo pasado enriquecen nuestra fe hoy día. Pensemos en la inspiración y en los grandes esfuerzos de los muchos héroes y santos que son parte de la historia de la Iglesia católica. Pensemos en los sufrimientos, los sacrificios y los retos que la Iglesia experimenta en esa época. Veamos cómo una y otra vez, cuando la Iglesia parece estar en su momento más bajo, sobrepasa los problemas y continúa la misión de Cristo.

Al igual que los peregrinos reciben una bendición especial antes de emprender su jornada, nosotros también empezamos esta peregrinación con una bendición.

Bendición

Que esta peregrinación cree en nosotros un entendimiento claro de la historia de la Iglesia católica. Que vayamos con un espíritu de entrega y que recibamos la luz que esperamos recibir.

Que veamos la mano de Dios y la dirección del Espíritu Santo en cada época de la historia de la Iglesia y en nuestras propias vidas también. Que aprendamos del pasado e incorporemos sus lecciones valiosas en nuestras vidas de fe. Que experimentemos la alegría y el deleite de esos innumerables cristianos que han dedicado sus vidas a hacer que el reino de Dios sea una realidad aquí en la tierra. Y que la paz de Dios nos acompañe en esta jornada a través del poder de la gracia y de la oración.

PARTE I

La Iglesia de los primeros siglos
Desde el siglo primero hasta la caída de Roma (476 d.C.)

Como parte de los preparativos para nuestra peregrinación, dediquemos tiempo a leer los Evangelios y los Hechos de los Apóstoles. Encon-tremos de nuevo a este Jesús de Nazaret que es la persona que más influencia ha tenido en la historia. A través del poder del Espíritu Santo veamos la profunda influencia que él tuvo en sus seguidores en la Iglesia de los primeros años.

Empezamos nuestra peregrinación en una aldea remota en la región del este del Mediterráneo en Palestina, un lugar que los romanos controlaban y que Herodes Antipas gobernaba.

Al caminar por las calles del pueblecito de Nazaret nos encontramos con una familia que vive humilde y sencillamente como judíos devotos. Los miembros de la familia parecen ser personas comunes y corrientes, pero sin embargo en este ambiente es que Jesús, el Mesías prometido y el Hijo de Dios, creció con María su madre y José su padre adoptivo, que es un carpintero. Sabemos muy poco acerca de Jesús durante este período de desarrollo: él nació en Belén entre el año 6 a.C. y el año 6 d.C.; se perdió durante una peregrinación a Jerusalén (ver Lucas 2,41-52); y él vivió en Nazaret de Galilea hasta que empezó su vida pública, probablemente alrededor del año 28-30 d.C. Juan, un predicador ambulante, bautizó a Jesús en el río Jordán e indicó que Jesús era el próximo profeta.

Unos cuantos amigos dejaron sus trabajos y a sus familias para acompañar a Jesús en sus viajes de predicación de la Buena Nueva. Jesús cumplió con su misión por tres años. Él les decía a las personas que se arrepintieran y que tuvieran fe. Él proclamó el reino de Dios y lo reveló a través de sus curaciones: los paralíticos volvieron a caminar, los ciegos volvieron a ver y los que buscaban descubrieron a una persona que le dio significado a sus vidas. Las multitudes se reunían por todas partes y estaban dispuestas a moldear sus vidas con el mensaje y el ejemplo de Jesús. Imaginemos la compasión y la bondad de Jesús cuando hablaba a favor de la justicia y de los pobres.

Creer que Jesús es el Mesías no es cosa fácil. Imaginemos cómo estos primeros seguidores a veces tuvieron que haber cuestionado a Jesús y haber dudado de su misión. Su fe los mantuvo fieles y resueltos, aunque ellos molestaron a los líderes políticos que no estaban seguros de cuáles eran las intenciones de Jesús. Ellos temían que Jesús podía causarles problemas y quitarles el poder. Los oficiales juzgaron a Jesús, lo crucificaron y pensaron que habían eliminado lo que amenazaba el control que tenían.

Pero la vida y la misión de Jesús no había llegado a su fin. Él resucitó de entre los muertos, se apareció en varias ocasiones y después de cuarenta días, ascendió al cielo. Jesús afirmó su herencia al darles su misión a sus seguidores: "Por eso, vayan y hagan que todos los pueblos sean mis discípulos" (Mateo 28,19). Aunque se desconocen muchos de los detalles de la vida de Jesús, lo que sí se sabe se obtuvo de los Evangelios de Mateo, Marcos, Lucas y Juan, que proclaman la fe en Jesús. Supongamos que Jesús hubiera vivido, muerto y resucitado de entre los muertos y nadie se hubiera dado cuenta. Entonces, ¿qué hubiera pasado? Todo se hubiera acabado ahí. Pero nosotros sabemos que la cosa no es así.

Debido a que Jesús ya no estaba presente físicamente en este mundo, sus discípulos, que lamentaban su pérdida, se reunieron en un salón para rezar. De repente, el poder del Espíritu Santo descendió sobre la comunidad mientras que un fuerte viento sopló afuera y lenguas de fuego se les posaban sobre las cabezas. Estas personas que antes habían tenido miedo, convencidas de que Jesús verdaderamente era el Mesías prometido, literalmente proclamaron su fe en Jesús desde las azoteas de las casas. Todas las personas de todos los rincones del imperio podían entender la Buena Nueva en sus propios idiomas.

Pentecostés es el nacimiento de la Iglesia

Cuando los judíos y los extranjeros de varias nacionalidades y razas se reunieron en Jerusalén para la fiesta de peregrinación de *Shavuot* (Pentecostés), imaginémonos cuán sorprendidos nos sentiríamos al ver el valor de estos galileos seguidores de Jesús, personas comunes y corrientes, y su habilidad misteriosa de comunicarse con personas en muchos idiomas diferentes. Asombrémonos al oír a Pedro hablar de las cosas que el hombre de Galilea hizo, que los discípulos creen es el Mesías. Presenciemos la fe que echa raíces cuando la multitud de tres mil personas escucha, se arrepiente y acepta el bautismo. Vivamos otra vez el evento dramático, un grupo de personas diversas que se convirtió en una comunidad de fe. Y así nació la Iglesia. El día de Pentecostés verdaderamente es el día del nacimiento de la Iglesia.

Los discípulos, llenos de mucho más celo, continuaron proclamando el mensaje de Jesús con mucho entusiasmo. Ellos hicieron señales y milagros maravillosos, lo cual prueba que la misión de Jesús continuó a través de ellos. Aunque no tenemos ninguna documentación del ministerio de los discípulos, la tradición enseña que ellos fueron a los rincones más lejanos del mundo de aquella época y los evangelizaron. Por ejemplo, los cristianos en la India honran a Tomás, quien creen que evangelizó la India.

Estos primeros creyentes vivieron su fe de dos maneras: la manera judía y la manera de Jesús. Observémoslos ir a la sinagoga, rezar y practicar sus costumbres y rituales judíos. Unámonos también a estos primeros cristianos el primer día de la semana, el domingo, para conmemorar la Resurrección de Jesús. Recemos con ellos y escuchémosles recordar el tiempo que pasaron con Jesús. Compartamos una comida y comamos pan y tomemos vino como Jesús ha mandado: "Hagan esto en memoria mía". Estos primeros cristianos creyeron firmemente que Jesús continuaba viviendo entre ellos. Veamos cómo su ejemplo de servicio, de amor y de comunidad atrajo a muchos otros a seguir el camino de Jesús al continuar ellos su misión. Pero también démonos cuenta de que su fe en Jesús contradijo las tradiciones estrictas judías. Poco a poco abandonaron sus costumbres judías. Un joven entusiasta, Esteban, dio testimonio elocuente de su creencia en Jesús. Su defensa enfureció y enojó a las autoridades, los zelotas. Ellos condenaron a Esteban a morir, lo apedrearon y lo mataron, y él se convirtió en el primer mártir de la Iglesia de los primeros años. Volvamos a vivir la fe y el testimonio de Esteban en los Hechos 7,1-53.

La primera vez que vemos a Saulo (a quien después se le conoce como Pablo) es en el martirio de Esteban porque Pablo fue uno de los que más perseguía a los cristianos. Dios dirigió el celo de Pablo a favor de la causa de los cristianos por medio de una dramática experiencia de conversión, un encuentro con el Señor resucitado, alrededor del año 37 d.C. En extensas jornadas misioneras, Pablo proclamó que Jesús es el Mesías y estableció numerosas comunidades de fe por toda Asia Menor y Grecia. Pablo sufrió el martirio en Roma alrededor del año 67 d.C. Debido a que él difundió el mensaje cristiano más allá de la comunidad judía, en todo el mundo mediterráneo, él se mereció el nombre "Apóstol de los gentiles". Volvamos a vivir su vida y su misión que consta en los Hechos de los Apóstoles, especialmente en los capítulos 7-9 y 13-28. Capturemos su espíritu y meditemos su conocimiento de Cristo en sus epístolas.

Pablo, apóstol a los gentiles

Los primeros cristianos, en su compromiso apasionado a Jesús, se negaron a ofrecerle sacrificios e incienso al emperador. Debido a que se reunían en secreto para ofrecer culto, las autoridades sospecharon que estas personas formaban un grupo subversivo que conspiraba en contra del Imperio. Al principio, los cristianos se

La persecución y el martirio

convirtieron en el objetivo de la persecución, esto ocurrió primero en el año 64 d.c., cuando Nerón los culpó de causar incendios en Roma.

Aunque miles de cristianos sacrificaron sus vidas como mártires en las diez persecuciones más grandes que duraron hasta el siglo cuarto, el Imperio fracasó cuando trató de eliminar la Iglesia. Los cristianos afirmaban más su compromiso. La hagiografía de la Iglesia, los relatos biográficos de los santos, cuenta historias del heroísmo increíble y del valor de los mártires.

Irónicamente, las persecuciones de los cristianos no le puso fin a su ideal, sino que atrajeron a muchos a la fe, a pesar de que existe la posibilidad de sufrir el martirio. De acuerdo a la tradición, todos los apóstoles murieron como mártires excepto Juan, quien murió en Efeso después de llegar a ser muy viejo, alrededor del año 100 d.C.

Las tradiciones orales llevan a la escritura de los Evangelios

Al final del siglo primero, los cristianos todavía eran una minoría, pero ellos continuaron atrayendo a nuevos miembros. Cada comunidad local se reunía para ofrecer culto en casas particulares. Los ancianos de la comunidad, a quienes más tarde se les llamó obispos, dirigían el servicio. Los presbíteros y los diáconos ayudaban. Los primeros cristianos basan sus estructuras de servicio y de liderazgo en el estilo romano de organización.

El reto más grande para la Iglesia del siglo primero fue el de cómo comunicar la experiencia de Jesús después de que la primera generación de cristianos muriera. Veámosles reunidos como una comunidad, compartiendo recuerdos y contando historias de lo que Jesús dijo e hizo. Escuchémosles contar los detalles de su pasión y de su muerte. Ellos recuerdan sus milagros de curaciones, sus enseñanzas, parábolas y cuentan las historias de su nacimiento y de sus primeros años en Nazaret.

Los primeros cristianos proclamaban estas historias, estas experiencias y dichos de Jesús en las comunidades locales. Sabemos lo que pasa cuando varias personas cuentan una historia. Aunque puede que los detalles sean diferentes, las cosas básicas de la historia no se alteran. También vemos este patrón en los evangelios. En cada lugar donde los cristianos se reúnen, entre los creyentes circulan versiones diferentes, primero las orales y después las escritas, de la historia de Jesús. Los Evangelios de Mateo, Marcos, Lucas y Juan surgen como recuentos muy completos porque se originan en las comunidades cristianas que se relacionan íntimamente con los apóstoles: Jerusalén, Roma, Antioquia y Efeso.

Cada evangelio se dirige a personas de diferentes culturas y presenta una imagen única de Jesús y de su misión. Los cuatro evangelios no son biografías sino proclamaciones de fe en Jesús.

Debido a que se lee un pasaje del Evangelio en cada Misa, probablemente estamos familiarizados con los Evangelios. Para comprender más de lleno la idea de Jesús que cada Evangelio tiene, leámoslos de principio a fin. Notemos cómo cada evangelista presenta a Jesús y su misión de una manera diferente.

Marcos, el recuento más antiguo y el más corto, se escribió poco después de la persecución de Nerón, entre el año 65 d.C. y el año 70. Al leer Marcos, vemos a un Jesús verdaderamente humano con emociones y sentimientos, a Jesús en movimiento continuo. Por ejemplo, sintamos la naturaleza impetuosa de Pedro. Marcos nos da la impresión de que Jesús es el activista, que siempre está haciendo algo, un Jesús que actúa las veinticuatro horas del día. Marcos relata detalles de la vida de Jesús del ministerio público hasta su Resurrección.

El Evangelio de Mateo está dirigido a los cristianos

judíos. Jesús es "el nuevo Moisés", el cumplimiento de la Antigua Alianza. Mateo dice "el nuevo Moisés" muchas veces para probar que Jesús cumple las profecías mesiánicas. Mateo menciona costumbres que los judíos conocen. Igual que la Tora o Ley hebrea (los cinco primeros libros de la Biblia), el Evangelio de Mateo se divide en cinco secciones; la infancia, los milagros, las parábolas, las enseñanzas y los relatos de la pasión. Escuchamos a Jesús que de verdad habla con autoridad. Sentémonos en el lado del monte mientras Jesús proclama su enseñanzas en las Bienaventuranzas (Mateo 5,1-10). Desde nuestra posición ventajosa vemos a una persona que es "el nuevo Moisés".

En Lucas vemos a un Jesús misericordioso y compasivo que cura a los enfermos y les da la bienvenida a los marginados y a los pecadores. Lucas es el único que relata la parábola del hijo pródigo y la historia de Marta y María. Leamos a Lucas como si fuera un recuento de viajes mientras que Jesús va de Galilea hacia Jerusalén. Lucas concluye su Evangelio con la Ascensión de Jesús y continúa el relato de la Iglesia de los primeros años en los Hechos de los Apóstoles.

Debido a que los Evangelios de Mateo y de Lucas, escritos entre los años 70 y 80 d.C., siguen un patrón similar al de Marcos, los llamamos "sinópticos" que en griego significa "ver las cosas de la misma manera".

El Evangelio de Juan nos transporta a otro mundo. Escrito después que los otros evangelios, el Evangelio de Juan empieza con el origen divino de Jesús: "Al principio ya existía la Palabra. La Palabra estaba junto a Dios, y la Palabra era Dios." (Juan 1,1). Juan relata eventos de la vida de Jesús de una manera muy simbólica y teológica.

Además de los cuatro Evangelios y los Hechos de los Apóstoles, el Nuevo Testamento incluye catorce cartas que se cree Pablo les escribió a las comunidades cristianas, siete cartas pastorales que Pedro, Santiago, Judas y Juan escribieron y el libro profético del Apocalipsis. En el año 367 Atanasio compiló por primera vez la lista de estos veintisiete libros, que comprenden el Nuevo Testamento.

Imaginemos que somos uno de los cristianos devotos en la Iglesia de los primeros años. Aunque los evangelios y las epístolas de Pablo existen en forma escrita, nuestra fe nos llega en gran parte a través de lo que otras personas nos dicen porque los pergaminos y los libros son muy poco comunes. Anhelamos expresar lo que creemos de una manera concisa. Recordamos algunas verdades, pero no podemos declarar exactamente lo que creemos.

El Credo de los Apóstoles

Desde el principio del segundo siglo, circulaban afirmaciones breves de la fe entre los cristianos. Basadas en proclamaciones apostólicas orales (como la que vemos en los Hechos 2,22-39), las expresiones de creencias fundamentales que se pueden memorizar fácilmente se convirtieron en una norma para los bautismos y para la instrucción catequística en la Iglesia de los primeros años. Hoy conocemos una de esas expresiones: el Credo de los Apóstoles. Aunque hoy día normalmente no se usa en la liturgia, es una de las oraciones más importantes de la Iglesia. De acuerdo a San Ambrosio, le llamamos "el Credo de los Apóstoles" porque doce artículos de la fe están íntimamente relacionados con la enseñanza apostólica.

Sabemos cómo la Iglesia de los primeros años celebraba la liturgia y el culto gracias a los escritores de esa época. Sus escritos, aunque no se consideraba que eran escrituras, son significativos para el conocimiento

Los padres apostólicos y los apologistas

personal de los cristianos. A Clemente de Roma, a Ignacio de Antioquia, a Policarpo y a otros se les llama "los padres apostólicos" porque sus escritos reflejan la enseñanza auténtica de los apóstoles.

Otros expertos y teólogos de la Iglesia de los primeros años, llamados "apologetas", explican y defienden la fe en argumentos razonados y articulan la enseñanza cristiana a través de sus escritos:

- Justino el mártir (100-165) argumentó que el cristianismo es la verdadera religión.
- Ireneo (130-202) atacó la herejía y organizó las enseñanzas cristianas.
- Clemente (150-215), director de la escuela catequística de Alejandría y Orígenes (185-254) explicó la fe en términos de la filosofía griega.
- Tertuliano (160-230) es el primer teólogo de importancia que escribió en latín y usa la palabra *Trinidad*.

Podemos aprender más acerca de los Padres de la Iglesia y los apologetas por medio de la rama de la teología llamada "patrística" o "patrología", que trata de los inicios del cristianismo hasta alrededor del siglo quinto.

Constantino y el Edicto de Milán (313)

El reinado del Emperador Constantino marcó un momento clave en la historia cristiana. Constantino salió victorioso en la batalla de Puente Milvio en el año 312 en medio del caos político que causaron varias personas que querían obtener el poder. Constantino, convencido de la validez del cristianismo debido a una experiencia religiosa personal, concedió la libertad religiosa con el Edicto de Milán (313). Esto terminó las persecuciones y puso al cristianismo a la par con otras religiones.

(Sesenta y ocho años más tarde, el Emperador Teodosio proclamaría que el cristianismo era la religión oficial del imperio y declararía que las otras religiones eran ilegales). Constantino aprobó leyes que favorecían a los cristianos porque su imperio se beneficiaría más si reconocía el cristianismo. Sus leyes promovieron el domingo como un día de descanso y permitieron que los cristianos ofrecieran libremente el culto. Con el aumento de los conversos al cristianismo, las reuniones en las casas particulares ya no era una cosa práctica. Así que Constantino construyó iglesias y lugares públicos grandes, como las basílicas, para el culto y para la comunidad. Poco a poco los cristianos también empezaron a ganar control de los templos que otras religiones habían usado antes. El Panteón en Roma, que hoy día es un museo, era un templo que se le había dedicado a todos los dioses romanos. El Papa Bonifacio IV lo dedicó como una iglesia cristiana en honor a María y a todos los santos el primero de noviembre del año 609, el día de la fiesta de Todos los Santos que todavía celebramos hoy día como día de precepto.

Constantino también construyó la basílica de San Juan de Letrán, la iglesia catedral de Roma. Él donó su propia residencia a la iglesia, el Palacio Letrán, (se convirtió en la residencia papal del obispo de Roma hasta el año 1309, cuando el papa se mudó a Aviñón).

Entonces Constantino, el único gobernante del Imperio romano, mudó la capital de Roma a Bizancio y después le dio el nuevo nombre de Constantinopla. Este cambio hacia el este preparó el camino que llevó a mayores rivalidades entre la Iglesia que habla griego y la Iglesia que habla latín y culminó en la ruptura con el Oriente en el año 1054.

El rito de iniciación cristiana

Después que el Emperador Constantino firmó el Edicto de Milán a favor del cristianismo, muchas personas desearon convertirse al cristianismo. Por mucho tiempo la Iglesia había tenido un proceso formal llamado "el catecumenado", por el cual se inicia a las personas a la comunidad de fe cristiana. Ahora, para distinguir a las que son sinceras en su búsqueda y a las que sólo quieren el bautismo para avanzar en la sociedad, la Iglesia alarga e intensifica este proceso de iniciación. Cuando la comunidad experimenta y aprende sobre la Buena Nueva, los conversos disciernen su llamado a la fe. Esta manera de recibir a nuevos miembros en la Iglesia produce cristianos informados y transformados. La culminación del rito de iniciación durante la celebración de la víspera de la Pascua le da la bienvenida a los catecúmenos a la Iglesia como cristianos con pleno derecho.

Con el tiempo el catecumenado dejo de usarse porque el período de tiempo de formación tan largo demostró ser algo difícil de manejar cuando el número de conversos fue tan grande y cuando aumentaron los bautizos de bebés. No fue hasta el siglo veinte que el Concilio Vaticano II volvió a reintegrar el catecumenado. Desde el año 1988 el Rito de Iniciación Cristiana para Adultos (RICA) es la norma que las parroquias siguen en la formación de los nuevos conversos.

El conocimiento de quién es Cristo y de la Trinidad: las herejías y los concilios

Imaginemos que somos uno de los conversos al cristianismo en el siglo cuatro. Durante el catecumenado aprendemos y experimentamos la manera de vivir de los cristianos. Creemos que Jesús es el Mesías y la realización de las profecías hebreas. Escuchamos la Buena Nueva y las historias acerca de Jesús. Celebramos la presencia de Jesús en la Palabra sagrada y en la Eucaristía y nos reunimos el domingo para ofrecer el culto junto con la comunidad. Afirmamos nuestras creencias con el Credo y vivimos una vida moral cristiana.

Al pasar el tiempo, hacemos preguntas más profundas de la naturaleza de Jesús. ¿Cuál es la relación que Jesús tiene con Dios Padre? ¿Quién es el Espíritu Santo y cuál es su relación con el Padre y el Hijo? Puede que estas preguntas parezcan sin importancia hoy día. Pero la manera de expresar conceptos teológicos complejos y el misterio de la fe en términos que se pueden entender es un reto para los cristianos y los teólogos del siglo cuatro.

Si escuchamos a Ario (250-336), un sacerdote de Alejandría, nos sentimos confundidos cuando él declara que Jesucristo no es de la misma naturaleza que Dios. Su tesis se expandió muy pronto por todo el Oriente. Algunas formas de arrianismo existieron durante varios siglos. Debido a que Constantino deseaba promover la armonía, él convocó el primer concilio ecuménico en Nicea en el año 325, el cual declaró que Cristo es una Persona divina con dos naturalezas, una humana y una divina.

En el año 381 cuando el Emperador Teodosio reconoció el cristianismo como la religión oficial del imperio, él también reunió a los obispos para celebrar el Concilio de Constantinopla. Ellos condenaron el arrianismo otra vez y, como respuesta a opiniones contrarias, ellos redactaron el Credo niceno-constantinopolitano. Hoy día el Credo de Nicea, como la profesión de fe cristiana, sirve como la afirmación de la fe en cada Misa del domingo.

Podríamos pensar que la controversia y las ideas falsas iban a llegar a su fin. Pero no fue así. Otro hereje, Nestorio, el patriarca de Constantinopla, continuó la discusión. Si Cristo es divino y humano, María sólo puede ser la madre del Jesús humano y no la madre de Cristo. El Concilio de Efeso (431) condenó a Nestorio y con Cirilo de Alejandría proclamó a María como la "Teotókos", la portadora de Dios.

Esta declaración llevó a otra herejía, la controversia monofisita, que declara que Jesucristo sólo tiene una naturaleza divina en vez de dos naturalezas, una divina y otra humana. En una carta doctrinal acerca de la Encarnación que los obispos adoptaron como una enseñanza oficial acerca de Cristo en el Concilio de Calcedonia en el año 451, el Papa León el Grande explicó muy bien la naturaleza de Cristo como una persona divina con dos naturalezas inconfundibles, una humana y una divina.

Los comienzos del monacato

A fines del siglo tres, cuando los cristianos ya no eran condenados a muerte a causa de la fe, las almas entusiastas buscaron una nueva manera de seguir a Cristo. Algunas decidieron que podían "morir por Cristo" al "morir a sí mismas". Antonio el Grande (250) fue como el pr ecursor de la vida monástica, en la cual los ermitaños se dedicaban a la oración y al sacrificio.

Pacomio (290-346) atrajo a muchas personas a una vida ascética, en la cual no viven como ermitaños, sino en comunidad, la vida cenobita. Hay muchas comunidades monásticas por el desierto egipcio. Estos ermitaños y cenobios se convirtieron en modelos para la vida contemplativa religiosa en la Iglesia.

Jerónimo (340-420) y la Vulgata

Una de las figuras más llamativas de nuestros primeros quinientos años es Jerónimo, monje y experto bíblico. Como secretario del Papa Dámaso en Roma, Jerónimo empezó una traducción de la Biblia al latín. El usó la versión griega de la Biblia hebrea, la *Septuaginta*, traducida alrededor del año 72 a.C., y el Nuevo Testamento griego. La *Septuaginta* contiene siete libros que no están incluidos en la Biblia hebrea: Judit, Ester, Tobías, Sabiduría,

Sirácides y los dos libros de los Macabeos. La traducción al latín de Jerónimo se llama Vulgata porque contiene el idioma popular de las personas (en latín, *vulgaris*).

Al acercarnos al final de la primera parte de nuestra peregrinación, nos encontramos a una de las personalidades más importantes de la Iglesia de los primeros siglos: Agustín de Hipona. En su juventud él tuvo un hijo, experimentó con varios estilos de vida y, por ser un estudiante ávido de todas las filosofías, obtuvo muchas nociones exóticas. Su manera hedonística de vivir angustió mucho a su madre Mónica quien fue una cristiana devota. Ambrosio, el obispo de Milán, influyó en Agustín quien experimentó una conversión total y, por la gracia de Dios se comprometió totalmente a Cristo. Como cristiano fervoroso, él usó su intelecto brillante para explicar la fe.

San Agustín (354-430)

Al paso de unos años Agustín llegó a ser el obispo de Hipona en el norte de Africa, le hizo frente a los herejes y defendió la fe firmemente. La herencia de Agustín continuó en su autobiografía, *Las confesiones*, que relata su vida y su experiencia de su conversión, y en otros escritos famosos, especialmente *La ciudad de Dios* escrita después del saqueo de Roma en el año 410. Él contrasta la ciudad terrenal a la ciudad celestial, donde Dios y el bien triunfan.

Al principio del siglo quinto el Imperio romano estaba perdiendo su integridad y su poder. Las personas de las afueras del imperio se aprovecharon de esta debilidad e infiltraron el Imperio Occidental, uniéndose al ejército romano y adoptando costumbres romanas. Primero los vándalos invadiendo el norte de Africa y entonces los hunos escogieron a Roma como su objetivo. Más

Cambios en el Imperio, cambios en la Iglesia

tarde, vinieron los godos, los lombardos y otros grupos también.

La Iglesia, que era la única autoridad estable en el oeste, ejerció su influencia. El Papa León el Grande se enfrentó a Atila el Huno en el año 425 y lo convenció de que abandonara Roma. El Papa León no tuvo un éxito completo porque los vándalos volvieron a demostrar su poder y saquearon Roma unos años más tarde. Luego los convenció de que no quemaran la ciudad ni que masacraran a las personas. Pero Roma no pudo resistir esos ataques. En el año 476 la ciudad de Roma cayó en manos de extranjeros.

El Papa León el Grande (440-461)

De todos los líderes de la Iglesia de los primeros siglos, necesitamos prestarle atención especial al Papa León el Grande, que no sólo retó a los enemigos del Imperio, sino que también habló a favor de la primacía papal. El papado de León, una época muy desafiante y de mucha importancia, fue testigo de la desintegración del Imperio romano en el oeste y de las controversias teologales en el este. Él dedicó toda su energía a preservar la unidad de la Iglesia y a proteger la exactitud teologal.

Aunque las Iglesias del este discutían que sus patriarcas tenían la misma autoridad que la del obispo de Roma, León mantenía que el obispo de Roma tenía primacía, la cual se basaba en las palabras de Jesús en las Escrituras: "Tú eres Pedro" (Mateo 16,18). León fue el primer papa a quien enterraron en la Basílica de San Pedro en el año 461.

La Iglesia al final de sus primeros cinco siglos de existencia

Cuando Roma cayó, la Iglesia se extendió desde el norte de Africa hasta el Eufrates, por Asia Menor y Siria hasta Europa, y hasta tan al norte como Irlanda. Al final de cinco siglos se ven dos estilos de cristianismo: el del

Occidente y el del Oriente, Constantinopla y Roma. Se distinguieron en su idioma, en los ritos, en el énfasis teológico y en la forma de gobierno, pero seguían siendo una Iglesia. Compartían las Escrituras, el Credo y la enseñanza oficial de la Iglesia.

La Iglesia del Occidente era la que demostró ser una institución estable y Roma era su centro espiritual y civil. El obispo de Roma asumió el liderazgo político y espiritual.

La Iglesia del Oriente sobrevivió la caída de Roma y continuó siendo una parte integral del Imperio bizantino. La Iglesia en el Oriente gobernada por el emperador y por los patriarcas de Constantinopla, Antioquia, Jerusalén y Alejandría, se extendió hasta los Balcanes, Asia Menor, Egipto, Siria, Palestina y Mesopotamia.

El Oriente

¿Qué significaba ser cristiano en la parte este del Imperio en el siglo sexto? Las personas consideraban que el patriarca era la cabeza de la Iglesia, y aunque sabían que el obispo de Roma era el sucesor de Pedro, consideraban que el patriarca y el obispo de Roma eran iguales.

Las personas son parte de una Iglesia que le daba énfasis a las preguntas teologales y filosóficas. Escuchaban diferentes opiniones mientras que los expertos continuaban sus discusiones. El emperador tenía mucho que decir con respecto a la Iglesia y trató de resolver estos asuntos de una manera pacífica.

Asistían a la Liturgia Divina en iglesias decoradas con mosaicos e iconos muy coloridos. En Constantinopla, la Liturgia Divina se celebraba en griego, mientras que en otros lugares del Oriente, puede que los cristianos usaran el idioma de su área. Hay algo místico y maravilloso en el ofrecimiento del culto. Cada gesto tiene un significado profundo, el incienso, las procesiones y las velas ayudaban a sentir la presencia divina. El sacerdote, que es casado, llevaba vestimentas muy floridas que se parecían mucho a la ropa que los oficiales bizantinos de la corte usaban. Recibían pan con levadura y sabían que los cristianos en la Iglesia del Occidente en Roma ofrecían el culto de una manera diferente.

EL OCCIDENTE

En esta época de la historia, los cristianos en el Occidente buscaban la estabilidad y la paz. También les temían a las tribus germánicas que amenazan el mundo romano que una vez tuvo poder y unidad.

Estas personas consideraron que el cristianismo era algo extraño, sin embargo el obispo les toleró y se convirtieron al cristianismo. La Iglesia, práctica y organizada en sus esfuerzos por evangelizar a las tribus, les educó y les ofreció servicios sociales a todos sin discriminar en contra de nadie.

Debido a que tribus enteras, sin haber tenido mucha instrucción, vinieron a la Iglesia en masa, en el Occidente surgió un tipo diferente de cristianismo. Era un cristianismo con elementos de costumbres de las tribus que habían sido adaptadas a las prácticas cristianas. La Misa siguió un formato, pero el que presidía adaptó las oraciones a expresiones que los miembros de las tribus pudieron comprender para que se sintieran bienvenidos. Los líderes de la Iglesia siguieron el ejemplo de las autoridades civiles romanas. El obispo (episcopo en griego) dirigió y los presbíteros y diáconos lo ayudaban.

Una reflexión de los primeros quinientos años

Al pensar en la historia de la Iglesia primitiva, recordemos que la Iglesia surgió de un grupo insignificante de discípulos y se convirtió en una realidad de mucha influencia en sus primeros quinientos años. Aquí tenemos algunos tesoros que se obtuvieron al contemplar estos quinientos años de la Iglesia. Puede que podamos añadir algunos otros a la lista.

UNA FE CENTRADA EN CRISTO

Los primeros cristianos vivieron las enseñanzas de Jesús de una manera muy sencilla sin rituales muy complicados. Yo admiro la fe que los primeros cristianos demostraron cuando abandonaron las tradiciones judías del pasado y le entregaron por completo sus vidas a Jesús, su modelo y su ejemplo. La fe centrada en Cristo de los primeros cristianos me inspira a pensar en mis prioridades. ¿Soy una persona totalmente comprometida con Jesús? ¿Es Jesús el centro de mi vida y de mi fe como lo era para los primeros cristianos? ¿Revela mi vida la bondad y la integridad de Cristo que me guía en mi vida? ¿Me distrae la preocupación por las cosas exteriores en vez de concentrar mi fe en Jesús?

EL TESTIMONIO DE LOS PRIMEROS CRISTIANOS

Cuando leo el Nuevo Testamento, el amor que los primeros cristianos sentían por Cristo y los unos por los otros me inspira. Qué fe y qué determinación demostraron ante la posibilidad y la probabilidad de sufrir el martirio cuando se escondían en las catacumbas durante las persecuciones, ofreciendo el culto en secreto en memoria de Jesús. ¿Siento yo esa misma preocupación por los miembros de mi comunidad de fe? ¿Pongo de mi parte para que mi iglesia local y mi comunidad de fe estén tan llenas de vida como la de los primeros cristianos?

La Libertad Religiosa

Yo no aprecio mucho lo que significa poder asistir a la iglesia o poder practicar mi religión sin que nada ni nadie interfiera. ¿Cómo reaccionaría yo durante las persecuciones? Si me amenazaran con la muerte, ¿profesaría abiertamente mi fe en Jesús?

El Amor Por Las Escrituras

Al examinar mi Biblia, ¿cuán a menudo pienso en aquellas personas que le dieron vida a las Escrituras a través de sus esfuerzos y del amor que sentían por Dios? ¿Estoy totalmente consciente de la gran herencia de fe de las Escrituras hebreas, nuestro Antiguo Testamento? En cada liturgia oigo la Palabra del Señor. ¿Cómo puedo apreciar más que el Señor verdaderamente me hable a mí?

La Proclamación Del Credo

Tengo una deuda de gratitud a aquellas personas que pusieron en palabras los misterios de nuestra fe para ayudarnos a comprender mejor a nuestro Dios. ¿Recito el Credo de Nicea con un enfoque decidido, recordando la herencia que los primeros teólogos nos han dejado?

La Oración Monastica Y La Disciplina

Yo leo con mucha admiración los recuentos de las vidas austeras que los monjes vivieron en el desierto. Ellos vivieron la invitación de Jesús, "Vamos aparte a un lugar tranquilo para descansar un poco" (Marcos 6,31) de una manera radical. Su oración, su soledad y su estilo de vida severo me animan a valorar y a practicar la disciplina espiritual en mi vida. En mi vida tan ocupada, ¿reservo tiempo para establecer una comunión con Dios, hago penitencia y practico la disciplina en mi vida? ¿Sigo el ejemplo de los monjes y me dispongo a tener una relación más íntima con Dios?

La Gracia De La Conversión

No es tanto lo que San Pablo y San Agustín hicieron, sino cómo sus vidas demostraron los efectos profundos de la gracia de Dios. Ambos hombres lograron hacer mucho, pero sólo por la gracia de Dios. Sus vidas son historias de cómo Dios puede hacer lo imposible. ¿Cómo puedo responder más completamente a las inspiraciones de Dios en mi vida?

La Unidad En La Diversidad

Aunque pertenezco al rito romano, necesito estar consciente de que los cristianos de otros ritos también comparten nuestra larga tradición e historia. Igual que los ritos de la Iglesia del Oriente se han desarrollado como expresiones específicas de culturas específicas, mi herencia católica y romana también lo ha hecho. ¿Cómo puedo apreciar más las diversas maneras como los cristianos de rito romano y de rito oriental practican su fe?

PARTE II

Los comienzos de la Edad Media
Del siglo sexto al cisma (1054 d.C.)

La segunda parte de nuestra peregrinación nos lleva por lo que algunos historiadores llaman "la época de la superstición y de la ignorancia". Pero hasta nuestro examen de paso de estos cinco siglos indica que no son tan malos ni tan estériles. Experimentemos el desarrollo y las luchas de la Iglesia cuando le hace frente a los nuevos desafíos de las conversiones en masa, la expansión misionera y la tensión teológica entre el Oriente y el Occidente. Consideremos cómo la propagación del Islam por los países del medio oriente tiene un gran impacto en el área de la religión.

Se forma una nueva opinión en el mundo cuando las invasiones germánicas cambiaron la civilización de Europa occidental. El latín, adoptado oficialmente por la Iglesia, ya no es el idioma vernáculo. Las raíces del latín se mezclaron con expresiones de varios pueblos y formaron las lenguas romances.

Observemos cómo la Iglesia en el Occidente, el único poder político y religioso, organizó y extendió sus fronteras. La Iglesia en el Oriente, bajo el control del emperador, debatió cuestiones teológicas, desarrolló su propia liturgia y al final rompió con Roma.

Notemos cómo la Iglesia guiada por el Espíritu Santo experimentó la esperanza en medio del caos. Conozcamos a gigantes de la fe, especialmente al Papa Gregorio el Grande y Carlos Magno, que se destacan como catalizadores individuales de la fe. Pero le debemos la supervivencia y el éxito de la Iglesia a los monasterios, que durante esta época le dan forma y preservan la fe de Europa Occidental.

Los monasterios: preservadores de la fe

La vida monástica de oración y de ayuno es una dedicación total a Cristo. Los monasterios, los pilares de la espiritualidad tanto en el este como en el oeste, se convirtieron en los depósitos principales de la espiritualidad, de la cultura y del conocimiento. Los monjes valoraron la tradición de la Iglesia, transmitieron sus enseñanzas y preservaron los clásicos, escritos de los Padres y las Escrituras. Imaginemos cuánto tiempo requiere y cuán ardua es la tarea de crear un solo manuscrito antes de que se inventara la imprenta, cuando se grababa cada letra meticulosamente en papiro o en piel de carnero con tinte de color índigo. Los monjes propagaron la fe con su ejemplo y con su predicación.

El monacato en el este se concentró en la oración, la contemplación y la preservación de los iconos. San Basilio (330-379), teólogo y padre del monacato del Oriente, fundó monasterios en Asia Menor, lo que hoy día es Turquía.

En el oeste, Italia e Irlanda dieron una base sólida de fe y de la misma surgieron dos formas diferentes de monacato y de espiritualidad: el benedictino y el celta.

Cuando decimos la palabra "irlandés", inmediatamente pensamos en San Patricio (389-460). Nos imaginamos a Patricio predicando por Irlanda, librándola de las serpientes y explicando la Trinidad con un trébol en la mano. No importan cuán legendarias sean las historias de Patricio, las mismas le rinden tributo a alguien que siembra la fe firmemente en Irlanda, un baluarte cristiano cuando los bárbaros anglosajones invadieron Inglaterra. Patricio se dio cuenta que Irlanda fue tierra fértil porque el mensaje cristiano de humildad y pobreza era valorado por campesinos agrícolas.

Monacato celta

Para el año 600 ya había más de cien monasterios por el campo irlandés y sirvieron como iglesias de parroquias. Finnian (549), el padre del monacato irlandés, preparó a monjes para que fundaran más monasterios. Debido a que Irlanda está situada en un lugar aislado, la Iglesia se desarrolló independientemente y los monjes irlandeses desarrollaron una manera única de evangelizar. Veamos cómo anduvieron por el campo irlandés predicando la apreciación de la naturaleza, un ascetismo heroico y la oración sencilla. Las cruces celtas son monumentos a su influencia.

Veamos las contribuciones artísticas de los monjes irlandeses en el libro de Kells en Dublín y los Evangelios Lindisfarne en Durham. Preguntémonos por qué se interesan en nuestra vida espiritual. Esta amistad íntima con un guía espiritual se convierte en una de las normas de su enfoque individual al desarrollo espiritual. La práctica de la confesión privada viene de este enfoque, que es un método más significativo que el de las confesiones públicas humillantes de los siglos anteriores. La popularidad de confesar los pecados de esta manera aumentó. Cuando se celebró el Concilio de Letrán en el año 1215, la confesión de los pecados a un sacerdote se convirtió en la norma y todavía hoy día es la manera como se celebra el sacramento de la reconciliación. Los austeros monjes irlandeses hicieron hincapié en la penitencia y en el sacrificio y para mediados del siglo sexto evangelizaron Escocia y entonces se dirigieron al norte de Europa. Los monasterios prosperaron por toda Europa debido al liderazgo de Columbano. Pero los monjes irlandeses y su espiritualidad encontraron rivales en los benedictinos, cuya estrategia evangélica era diferente.

La espiritualidad benedictina

Conozcamos a Benito de Nursia (480-547), un italiano muy devoto que atrajo a seguidores a un estilo de vida de oración, de disciplina y de una vida comunitaria compartida. Por medio de una espiritualidad menos austera y más práctica que la de los irlandeses, Benito abogó por obtener un balance entre la oración, el estudio, el trabajo y el descanso en una regla sencilla y práctica; su frase fue *ora et labora* que quiere decir reza y trabaja. Monte Casino, el monasterio de Benito en el sur de Italia, se convirtió en el centro de los numerosos monasterios benedictinos por toda Europa.

Los monjes benedictinos trabajaron entre los campesinos y desarrollaron métodos agrícolas, como la rotación de las cosechas. A diferencia de la individualidad y de la movilidad de los monjes irlandeses, Benito promovió un estilo de vida comunitaria y fomentó la estabilidad. Durante la Edad Media cientos de monasterios benedictinos surgieron por Europa. Hoy día la Regla de San Benito moldea la espiritualidad de muchas comunidades religiosas y el espíritu de Benito inspira e influye la vida litúrgica de la Iglesia. Muchos papas y obispos, entrenados como monjes benedictinos, son ejemplos de una espiritualidad auténtica en la Iglesia.

EL PAPA SAN GREGORIO EL GRANDE (590-604)

Cada época produce esos gigantes de la fe que ofrecen su liderazgo en momentos de lucha. Aquí tenemos al Papa Gregorio I Magno, un monje benedictino que, en el espíritu de San Benito, mantuvo el equilibrio entre su habilidad de ser un buen administrador y su profunda espiritualidad. Gregorio inició negociaciones con los invasores germánicos e integró sus costumbres en la tradición cristiana, reconociendo el potencial creativo de estos pueblos. Los intereses misioneros se extendieron hacia el norte y hacia el oeste hacia Francia, Inglaterra y España.

Gregorio describió su misión como "siervo de los siervos de Dios", repartió comida y abastecimientos humildemente durante una hambruna.

Aunque él aceptó la supremacía política del Emperador bizantino en Constantinopla, Gregorio insistió en la primacía espiritual de la Iglesia romana y la autoridad universal del papa. Él denunció la reclamación del líder religioso bizantino que decía que ambos tenían el mismo poder.

Gregorio continuó el espíritu benedictino por medio de su aprobación del celibato y del desarrollo de la liturgia. Él promovió el uso del latín como el idioma para la celebración de la liturgia y publicó un sacramentario de los ritos. Al canto litúrgico se le llama "el canto gregoriano" porque Gregorio se interesó en la música y la reunió para la Iglesia latina.

En el año 610 Mahoma, un joven árabe en la Meca, tuvo una revelación religiosa por la cual creyó que él debía predicar al único Dios, Alá. Convencido de la

El islam

sinceridad de su llamado, Mahoma predicó el mensaje de la "sumisión a Alá" a la fuerza y absolutamente y su mensaje se convirtió en la religión del islam.

Debido a que la Meca es la encrucijada del comercio, Mahoma muy posiblemente estaba familiarizado con los cristianos y con los judíos. Mahoma consideró que los judíos y los cristianos, al igual que los musulmanes, eran "personas del Libro", y consideró que Abraham fue un antepasado que tenían en común. El Corán, el libro sagrado del islam, contiene cosas similares al Antiguo y al Nuevo Testamento. Las personas nómadas encontraron atractivo el mensaje dinámico e influyente de Mahoma y cuando él murió en el año 632, toda la península arábiga había adoptado el islam, que pronto se propagó hacia el norte de Africa, a Siria, a Palestina, a Egipto y a España.

Si no hubiera sido por la energía y por los esfuerzos de Carlos Martel, que venció a los árabes en el año 732 cuando trataron de avanzar a Francia por los Pirineos, Europa también hubiera sido musulmana. El islam existió en España hasta que Fernando e Isabel, los llamados reyes católicos expulsaron a los moros en el año 1492. De esta presencia árabe quedan testimonios en España en la arquitectura sin par de las iglesias españolas, otros edificios y en algunas palabras del español usadas regularmente.

El islam se propagó hacia el este y en más o menos un siglo los musulmanes obtuvieron el control de Siria, de Palestina y de Egipto. El islam amenazó el Imperio bizantino y llegó a controlarlo por completo en el año 1453.

La conversión de los francos Los francos demostraron ser muy beneficiosos para la causa cristiana. Su líder, Clovis, se casó con una cristiana, se convirtió al cristianismo en el año 496 y así hizo que el reino de Francia se convirtiera al cristianismo. El franco más influyente, Carlos Martel, derrotó a los musulmanes cuando trataron de avanzar a Francia en el año 732. Esta victoria fue decisiva porque Martel preservó la religión cristiana para el Occidente.

Coronado por el Papa León III en el año 800, Carlomagno unificó el imperio franco en un estado cristiano y abogó por la ley y por el orden. Como patrocinador de la educación, Carlomagno puso a Alcuino a cargo de la escuela del palacio y su plan de estudios se convirtió en un modelo y un precursor de las universidades. Carlomagno también reguló la liturgia y compiló un misal usando el sacramentario gregoriano.

Carlomagno, emperador del sacro Imperio romano (742-814)

El reino de Carlomagno y el sueño de un reino cristiano unificado no duró mucho. Después de su muerte en el año 814, el imperio de Carlomagno se dividió en muchos principados, cada uno gobernado por señores individuales. Sin un gobierno central, abundó el caos y los conflictos porque los señores lucharon por obtener territorios y el control. Esta situación condujo al sistema político y social del feudalismo, que le dio alguna paz y orden a Europa en unos momentos cuando escaseó el comercio y el dinero. Varios niveles de la sociedad surgieron bajo el sistema feudal: los nobles, el clero, los guerreros y los siervos.

El feudalismo

Supongamos que estamos viviendo en la finca de un terrateniente o noble rico en esta época. Recibimos albergue y seguridad para la familia. En pago le prometemos fidelidad y servicio militar al dueño. Como vasallos del señor que somos, prometemos protegerlo e ir a la guerra si fuera necesario. Estamos a cargo de siervos que cultivan la tierra.

Este sistema feudal afectó muchísimo la fe. Debido a

que la Iglesia y que los monasterios tenían mucha tierra, algunos obispos se convierten en señores de estas tierras, asumiendo un liderazgo temporal y a menudo perdiendo de vista su misión espiritual. Otros obispos se convirtieron en vasallos del señor, controlando los asuntos de la Iglesia, hasta el punto de nombrar a obispos y a miembros del clero. Tal arreglo condujo a unos abusos muy serios.

El nepotismo, nombrar a parientes y a amistades a cargos en la Iglesia, disminuyó el espíritu religioso. Las personas que pagaban por esos nombramientos y privilegios fueron culpables de simonía, la acción de vender o comprar beneficios eclesiásticos. La investidura de los laicos, la práctica de tener a gobernantes seculares al control de los asuntos de la iglesia, amenazó a la Iglesia y, con el tiempo, la misma perdió su prestigio y su influencia.

El papado también sufrió atrasos en la época feudal. Con todos los reinos individuales en Europa, el papa ya no dio un apoyo unificado. Los papas cedieron ante las ambiciones políticas de la nobleza y muchos de los papas del siglo noveno al siglo once tuvieron papados muy cortos, tuvieron una muerte violenta o recibieron muy mal trato. Cuando las monarquías absolutas obtuvieron el poder, el feudalismo desapareció y los pueblos reemplazaron las fincas de los nobles. Pero una jerarquía feudal continuó en la estructura de la administración de la Iglesia hasta siglos más tarde.

Las tensiones entre el Oriente y el Occidente

El feudalismo sólo afectó a la Iglesia en el Occidente. La Iglesia en el Oriente siguió siendo parte del Imperio bizantino gobernado por los patriarcas y por los emperadores y se separó más de la Iglesia romana. Aunque no hubo un cisma sino hasta el siglo once, las tensiones aumentaron durante el principio de la Edad Media.

La autoridad papal fue el asunto eclesiástico más importante que condujo al cisma. Los griegos aceptaron al obispo de Roma como el sucesor de Pedro y como "el primero entre iguales", pero se negaron a reconocer que el papa tenía jurisdicción sobre el Oriente y el Occidente. Ellos consideraron que su propio patriarca era su líder.

Las tensiones políticas aumentaron cuando Carlomagno se convirtió en el emperador del sacro Imperio romano en el año 800, un rival del Emperador bizantino en el Oriente. Las tensiones empeoraron con dos controversias teológicas: la iconoclasia y la controversia filioque.

Pensemos en todo el arte bello de la Iglesia que nos inspira hoy día cuando entramos en una iglesia católica. ¿Nos damos cuenta de que este arte que damos por hecho es una de las causas de una separación en la Iglesia?

La iconoclasia

La controversia empieza cuando en el año 717 el Emperador León III prohibió que se usaran los iconos y las imágenes en las iglesias porque él pensó que los cristianos estaban adorando los iconos. Él concluyó que quienes ofrecían el culto reemplazan su devoción a Dios con la exaltación de un icono a un nivel divino. La iconoclasia del Emperador León prohibió el uso de las imágenes como algo idólatra y algo que no respetaba el primer mandamiento que nos advierte contra los ídolos. Los monjes que dependían de la producción de iconos para ganarse la vida fueron perseguidos y asesinados durante la controversia de la iconoclasia.

San Juan Damasceno, un sirio y un doctor de la Iglesia, escribió una defensa muy fuerte de la veneración de los iconos. En Roma, el Papa Gregorio II se opuso a la prohibición de las imágenes y apoyó el uso del arte que inspiraba y educaba a los conversos analfabetos. El Occidente consideró que las imágenes simbólicas ayudaban a aumentar la devoción, pero no la adoración. Las iglesias en Roma tenían estatuas, vestigios de la influencia de Roma que perduraba.

El Segundo Concilio de Nicea en el año 787 temporalmente resolvió la controversia iconoclasta cuando la Emperatriz Irene intervino para restaurar el uso de los iconos y claramente distinguió entre *la adoración* y *la veneración*. Pero en el año 814, el Emperador León V revive el argumento que duró hasta el año 843, cuando la Emperatriz Teodora confirmó el uso de los iconos y así termina la controversia de la iconoclasia. Las Iglesias ortodoxas celebraron este evento, la "victoria de los iconos", el primer domingo de la Cuaresma, al que llamaron "la fiesta de la ortodoxia".

La controversia *filioque*

Puede que parezca que otro factor que llevó al cisma del año 1054, la controversia *filioque*, no tuviera mucha importancia y sólo sea un asunto de palabras, pero tuvo consecuencias decisivas. Recordemos que el Credo de Nicea, redactado durante el Concilio de Constantinopla en el año 381, se aceptó como la declaración autoritaria de las creencias cristianas.

Sin embargo, el Oriente y el Occidente comprendieron y explicaron el lugar y la relación que el Espíritu Santo tuvo con la Trinidad con diferentes énfasis teológicos. El Oriente hizo hincapié en la unidad de la Trinidad y en que sólo hay una naturaleza divina en el Padre: "el Espíritu Santo, que procede del Padre por el Hijo". El Occidente consideró que la Trinidad es tres personas diferentes divinas. Puede que las diferencias en estas interpretaciones nos parezcan poco importantes a nosotros, pero tienen unas consecuencias muy serias.

La versión original del Credo en el Concilio de Constantinopla declara, "El Espíritu Santo procede del Padre". En el Concilio de Toledo en el año 589, la Iglesia del Occidente, para reprimir las ideas heréticas de Ario (que niegan la divinidad de Cristo), incluye la oración *filioque* en el Credo: "...el Espíritu Santo...que procede del Padre y del Hijo". (*Filioque* significa "y el Hijo" en latín). El Oriente consideró esta inclusión como una falsificación del Credo. Pero el Occidente aseguraba que la oración *filioque* sólo representó una aclaración, no una inclusión ni una alteración.

En el año 810, Carlomagno popularizó el *filioque*, que es parte del conocimiento de la Iglesia romana, en libros litúrgicos y Roma lo adoptó en el año 1031.

El *filioque* todavía separa al Oriente y al Occidente. Los ritos romanos rezan "El Espíritu Santo procede del Padre y del Hijo", mientras que las Iglesias ortodoxas rezan "El Espíritu Santo procede del Padre por el Hijo".

Cuando el Papa Pablo VI se reunió con el patriarca de Constantinopla en el año 1978, él usó la versión oriental del Credo en un servicio litúrgico que celebró con él, queriendo decir que el *filioque* no afecta la teología cristiana básica.

Hoy día no se considera que el *filioque* es un impedimento para llegar a la comprensión entre las diferentes profesiones de fe. La próxima vez que recemos el Credo de Nicea en la Misa del domingo, prestémosle una atención especial a la frase "que procede del Padre y del Hijo" y recordemos cómo los teólogos sinceros del pasado discutieron una cuestión de palabras que parece tener muy poca importancia porque querían presentar la fe fielmente.

Las causas inmediatas del Cisma del año 1054

En el año 867, Focio, un erudito, llegó a ser el patriarca de Oriente. Estaba totalmente opuesto a la Iglesia romana y convocó un sínodo y censuró los supuestos errores del Occidente, especialmente su posición relacionada con la iconoclasia y con el *filioque*. El Papa Nicolás rechazó las acusaciones y excomulgó a Focio, que a su vez excomulga al Papa. Este asunto se resolvió con el tiempo, pero no se olvidó y las tensiones entre el Oriente y el Occidente fueron en aumento.

El punto culminante ocurrió cuando Miguel Cerulario, (1005-1059), el Patriarca de Constantinopla, hizo una lista de treinta y tres quejas contra la Iglesia romana y contra el papa. El también cerró las iglesias latinas en el Este. Cerulario rechazó al Papa como cabeza de la Iglesia universal, el celibato del clero, el uso del pan sin levadura en la Eucaristía y el *filioque*. Cuando Humberto, el legado papal, le entregó la declaración de su excomunión, Cerulario también excomulgó al papa. La separación no fue definitiva hasta que una Cruzada romana saqueó Constantinopla en el año 1205. Un último esfuerzo por reconciliar a las iglesias fracasó durante el Concilio de Florencia en el año 1439.

El resultado de los esfuerzos por reparar la separación entre la Iglesia latina y la ortodoxa fue la unión de algunas iglesias orientales a Roma bajo la autoridad del papa. Estas "Iglesias católicas orientales", conocidas antes como "uniatas", mantuvieron su alianza al papa y su propia identidad, sus liturgias, sus costumbres, sus idiomas, sus patriarcas y sus diócesis. Aunque los ritos son diferentes, los católicos pueden cumplir con su obligación de ir a Misa y pueden recibir los sacramentos en estas Iglesias que están unidas a Roma. Algunas Iglesias católicas orientales son la bizantina, la griega, la melquita, la rusa, la rutena, la serbia y la ucraniana.

A fines del siglo once, la Iglesia católica romana estaba sola en el Occidente. La Iglesia del Oriente, la ortodoxa, que estaba muy unida al emperador, continuó con su propio culto, su liturgia, sus tradiciones y su enfoque cultural hasta el año 1453 cuando los turcos otomanes conquistaron Constantinopla. Entonces el centro espiritual de la Iglesia ortodoxa se mudó a Moscú y continuó allí después del año 1453 como el Patriarcado ruso ortodoxo y otras iglesias nacionales con varios ritos.

La Iglesia al final de primer milenio

Examinamos los recuerdos y las impresiones de esta época y nos preguntamos, ¿Qué podemos aprender de esta época tan difícil? ¿Cómo podemos ser mejores católicos al contemplar esta parte de la historia del cristianismo?

Reflexión de los primeros quinientos años

La dedicación de los monjes

Nos damos cuenta de que la fe no se hubiera extendido por toda Europa sin los esfuerzos de los monjes devotos que viajaron grandes distancias en territorio extranjero para promover la fe católica a muchas personas. Apreciamos los preciosos manuscritos preservados por los monjes devotos que trabajaron incansablemente, copiando las Escrituras y los clásicos. Pensemos en aquellos monjes irlandeses y su método nuevo de evangelizar. Como directores espirituales, ellos introdujeron la confesión privada, que se convirtió en algo tan significativo y popular que la Iglesia adoptó la confesión privada como el método de recibir el perdón sacramental.

La incorporación de los pueblos germánicos

A veces nos ponemos tan en contra de cualquier cambio que no lo vemos como una oportunidad para nuestro crecimiento. Tenemos que ver un ejemplo en la flexibilidad de la Iglesia en esta época de la historia. La Iglesia trató de no poner ningún obstáculo en el camino hacia la conversión de los pueblos germánicos al adaptar sus costumbres a la enseñanza de la Iglesia. Consideremos la observancia de la fecha de la Navidad, que se fijó en el solsticio del invierno, paralelo a la observancia de las fiestas del dios Saturno.

El traer a estas personas a la Iglesia tiene que haber sido un gran desafío. Esto debe ayudarnos a recordar que debemos ver el bien en todas las personas que no parecen tener ningún potencial. La Iglesia, cuando aceptó a los pueblos germánicos y adaptó los ritos cristianos para que estuvieran de acuerdo a sus costumbres, nos demuestra que en esta vida uno siempre puede cambiar y adaptarse a cosas nuevas.

Hoy día necesitamos apreciar otras culturas porque la televisión nos ofrece muchísima información de otras costumbres y culturas. Apreciamos el ejemplo del Papa Juan Pablo II, que se adapta a las costumbres locales al viajar alrededor del mundo. Él viste ropa típica, toma plumas en la mano y disfruta de los bailes y de las ceremonias de Papúa-Nueva Guinea.

El valor del aprendizaje

La habilidad de los primeros misioneros de explicar la fe nos sirve como un ejemplo para que nos comprometamos y nos familiaricemos con las enseñanzas de nuestra fe. ¿Podemos discutir inteligentemente e instruir a los demás en cuanto a las cosas básicas de la fe? ¿Cuán seguros nos sentimos cuando alguien nos hace preguntas del catolicismo?

La iconoclasia

Aunque el arte religioso fue una vez fuente de controversia, ahora podemos apreciar la belleza de algunas piezas y de estatuas y maravillarnos por el don de la imaginación y de la creatividad humanas. El asunto de la iconoclasia nos ayuda a comprender las opiniones y los puntos de vista diferentes con respecto a la belleza y el significado del arte.

LA CONTROVERSIA *FILIOQUE*

Cada vez que recemos el Credo en la misa de los domingos, recordemos cuánto se esforzaron los teólogos por comprender lo que nuestra fe revela y cómo encontrar las palabras exactas para expresar esa fe. Tratemos de decir las palabras "Creo en el Espíritu Santo…, que procede del Padre y del Hijo" con una devoción especial, dándonos cuenta del dolor y de la angustia de los que lucharon por encontrar las palabras adecuadas. Esto afirma nuestra fe en el misterio de la Trinidad.

LA APRECIACIÓN DE OTROS RITOS

No podemos ver el gran Cisma de una manera negativa. Aunque nos pese el hecho de que Roma y la Iglesia ortodoxa no estén unidas, nos beneficiamos mucho cuando asistimos a los servicios católicos orientales.

A menudo nosotros, los católicos romanos, pensamos que nuestro rito es el único correcto. Pero cuando vemos la historia de la Iglesia, nos damos cuenta de que desde el principio, se han aprobado varios ritos. ¿Por qué no tener más experiencias al asistir a una Misa del rito Oriental? Si es una Iglesia que está unida a Roma, podemos recibir los sacramentos válidamente, inclusive la Eucaristía, aunque puede que se use pan con levadura mojado en el vino y que se distribuya en una cuchara.

PARTE III

Desde la alta Edad Media hasta la Reforma
Desde el siglo once hasta el año 1517

En la tercera parte de nuestra peregrinación encontramos cambios dramáticos tanto en el mundo como en la Iglesia. En la alta Edad Media, desde el siglo doce hasta el siglo dieciséis, los pueblos y una sociedad comercial urbana reemplazaron el sistema feudal. Entonces la Iglesia estaba dividida y de ahora en adelante cuando hablemos de la Iglesia, nos referimos a la Iglesia Católica romana del Occidente. (El Oriente ortodoxo tiene su propia historia). Esa también fue una época de muchos avances en los esfuerzos humanos, de gigantes espirituales y del dominio de los pontífices. Fue una época cuando la Iglesia llegó a la cumbre de la grandeza temporal y a la misma vez, a un punto muy bajo en cuanto a la moral. Fue una época cuando las personas bautizadas se dan cuenta de que la relación que tienen con Dios se puede enriquecer por otros medios además de por los servicios oficiales de la Iglesia, una época cuando las devociones privadas prosperaron. Al leer cómo las personas vivieron en esa época, nos maravillamos al ver la ingeniosidad y la creatividad que usaron en sus vidas sencillas.

La civilización europea del siglo once fue un paralelo de la historia de la Iglesia católica romana. Algunas personas poderosas se apoderan del control del papado. Esa época empezó con un papado próspero, pero pronto se convirtió en una época de decadencia y de escándalo.

Pesé a todos los eventos nos maravillamos de que el Espíritu Santo preserve la Iglesia. Después de cada caída y de cada fracaso, la Iglesia parece ser el fénix legendario, que vuelve a renacer con una nueva vida. Los impedimentos y los obstáculos de la Iglesia durante esta época producen un mayor fervor y espiritualidad en la próxima.

Cluny y Claraval (Citeaux)

Empezamos esta historia con los monasterios como los baluartes del espíritu católico. En el año 910, Guillermo de Aquitania fundó el monasterio de Cluny y para regular el control de las propiedades del monasterio, las puso directamente bajo el control del Papa. Pronto Cluny se convirtió en un monasterio centralizado con monasterios asociados bajo su control. Se destacó por sus liturgias elaboradas y ceremoniosas, y su fama se extendió por toda Europa.

Entre los monjes de Cluny, famosos por su liderazgo y por su piedad, se encuentran papas y obispos. Entre los más famosos de ellos se encuentran el Papa Gregorio VII, Urbano II y Pascual II. Los monasterios de Cluny estaban por toda Europa, prosperaron y se hicieron muy ricos.

Los monjes acumularon tierras y, mientras que estaban dedicados al Señor, vivieron vidas opulentas, cómodas y esto llevó a la necesidad de tener una reforma.

Deseosos de vivir una vida más sencilla, algunos monjes abandonaron Cluny y fundaron un monasterio de reforma en Claraval en el año 1098. Esta comunidad cisterciense profesó la sencillez, la austeridad y la pobreza. Los cistercienses prefirieron áreas remotas y trabajaron en los campos cosechando lo que sus viñas y sus fincas producían para ganarse la vida.

Claraval atrajo a un joven en búsqueda de lo espiritual, Bernardo (1090-1153), que llegó con un grupo de amigos para vivir la vida cisterciense. En el año 1113 Bernardo fundó un segundo monasterio en Claraval y pronto muchos monasterios cistercienses aparecieron por toda Europa. Su estilo de vida estricta influyó a muchas personas y pronto los cistercienses se convirtieron en un modelo para las comunidades contemplativas. Bernardo de Claraval probó ser una de las estrellas brillantes de la Edad Media. Dante admiró tanto a Bernardo que en *La divina comedia* Bernardo es quien les da la bienvenida a las personas cuando llegan al cielo. Entre los líderes santos de la Edad Media, Bernardo de Claraval ocupa un lugar prominente.

Las Cruzadas (1095-1290)

Llegamos a un momento en la historia de nuestra Iglesia católica que nos gustaría olvidar, una época de "guerras santas" y de saqueos de los inocentes. Los cruzados, aunque motivados por una fe ferviente y por mucho celo, alcanzaron sus metas por medio de la violencia y de la destrucción. Ellos trataron de conquistar la Tierra Santa, pero destruyeron todo lo que encontraban en su camino.

En la Edad Media, las peregrinaciones fueron la manera popular de respetar el recuerdo de los lugares sagrados y de obtener méritos espirituales. Los cristianos de Europa Occidental valoraron mucho los lugares donde Jesús vivió y como un acto de devoción hicieron peregrinaciones arduas a Palestina, la Tierra Santa.

Sin embargo, a los cristianos se les dificultó más y más hacer peregrinaciones pacíficas, debido a que los musulmanes controlaban Tierra Santa. De la misma manera, los musulmanes estaban interesadísimos en el Imperio Bizantino y en Constantinopla. El Emperador bizantino le pidió ayuda al Papa Urbano II para eliminar el control musulmán en el área. Para poder obtener tropas que pelearan por la causa, la Iglesia prometió perdonar todos los pecados como pago por los que sirvieran en las Cruzadas. A cualquier persona que muriera en esa causa noble se le garantizaba la entrada directa al cielo. Estas promesas espirituales, llamadas indulgencias, no eran las únicas motivaciones. Algunos jóvenes soldados se unieron a las Cruzadas porque eran una aventura, otros buscaban la libertad y el dinero, mientras que otros se dieron cuenta que las Cruzadas presentaban una oportunidad para el crecimiento espiritual. Muchísimos guerreros jóvenes, sin importar cuál era su motivo, se enlistaron en las Cruzadas convencidos de que eran nobles. Las Cruzadas llevan ese nombre por la cruz (en latín *crux*) que estaba bordada en la ropa que los cruzados vestían. Empezaron como peregrinaciones fervorosas y se convirtieron en expediciones militares cuando las metas de los peregrinos se frustraron. Los recuentos de los esfuerzos de los cruzados parecen ser diarios que contienen planes y estrategias para la guerra. Cristianos demasiado entusiastas lucharon por ir adelante sin que les importara quién se interpusiera en su camino.

Cuando pensamos en las Cruzadas no sólo debemos pensar en la guerra y en la destrucción. Sí, esas cosas formaron parte de ellas y las injusticias cometidas en nombre de la religión son como secretos de familia de la historia de nuestra Iglesia católica.

Las ocho Cruzadas del año 1095 al 1270 no lograron su propósito principal de conquistar permanentemente Tierra Santa. Pero las Cruzadas tuvieron un efecto apremiante en Europa por varios años. Las Cruzadas abrieron la puerta al otro lado del mundo, a un lugar que el Occidente nunca había conocido. Europa entró en una era de pueblos que empezaban a desarrollarse y de un comercio que empezó a prosperar. Las Cruzadas ampliaron el horizonte de la civilización Occidental. El mundo se expandió más allá de las ideas del mundo occidental.

El papado perdió poder y prestigio debido a que los pontífices débiles en el siglo octavo y noveno se dieron por vencidos ante los gobernantes seculares. El Rey Enrique III (1017-1056) del Sacro Imperio Romano Germánico instaló una serie de papas germanos que continuaron practicando la simonía y el nepotismo.

Sacro Imperio Romano Germánico

El Papa Nicolás II (1058-1061) asumió el liderazgo para librar al papado de la interferencia de los laicos. En el año 1059 él promulgó un decreto que decía que sólo el colegio de cardenales podía seleccionar al papa y no los gobernantes seculares. Esta tradición continúa hoy día.

El Papa Gregorio VII (1073-1085) trabajó a favor de la independencia y de la supremacía de la Iglesia. En el año 1075 él promulgó un decreto que declaró nulo el nombramiento de líderes religiosos por los gobernadores seculares. Él pidió que el celibato del clero se cumpliera con más constancia y afirmó la infalibilidad papal, que se convirtió en dogma en el siglo diecinueve. Pero sus esfuerzos por obtener la reforma le costaron mucho. Sus ideas se opusieron a las del Rey Enrique IV que nombró un antipapa. Los cardenales y los obispos en Roma se pusieron de parte de Enrique. Ellos se rebelaron en contra de Gregorio quien encontró refugio en un monasterio y murió en el exilio.

Gregorio fue un precursor de otro reformador, el papa mas influyente de la Edad Media, el Papa Inocencio III (1198-1216). Por ser un administrador muy hábil, él ejerció el control de los estados pontificios, de la Iglesia y de Europa Occidental. Él gobernó la Iglesia durante dos Cruzadas y desarrolló la estructura jerárquica de la autoridad: el papa, los cardenales, los obispos y el clero. Él puso la piedra angular para la centralización de los poderes de la Iglesia, un modelo para las futuras generaciones. Como defensor ardiente de la fe, Inocente III comisionó a los dominicos para que protegieran a la Iglesia de la herejía de los cátaros o albigenses.

Pero recordamos a Inocencio III más por el Cuarto Concilio de Letrán en el año 1215 en el cual él promulgó muchos decretos relacionados con el número de los sacramentos, la definición de la Verdadera Presencia y las reglas relacionadas con la recepción de la penitencia (llamada hoy día reconciliación) y de la Eucaristía.

La herencia de Inocencio se marchitó por sus intentos despiadados por lograr la reforma al buscar los herejes por medio de la Inquisición. Él exigió que los judíos y que los musulmanes llevaran una insignia especial, una atrocidad por la cual el Papa Juan Pablo II recientemente pidió perdón.

Los mendicantes

Imaginemos cómo estaba cambiando la faz de Europa. Surgieron los pueblos y las ciudades. Las poblaciones cambiaron de áreas rurales a urbanas. Las personas se pusieron más en contacto con otras personas porque estaban viviendo en medio de calles estrechas y en lugares pequeños y las vidas cambian.

La Iglesia se convirtió en el centro de atención en el pueblo y en el centro de la vida religiosa y social. Las personas se ocuparon del comercio y las industrias caseras.

Esta proximidad a las personas exigió un nuevo tipo de ministerio. Ya no era posible que los monjes permanecieran enclaustrados y aislados en sus monasterios rurales. Y entonces se desarrolló una nueva forma de vida religiosa. Los mendicantes, especialmente los franciscanos y los dominicos, dependían de las limosnas y ejercían su ministerio entre las personas.

LOS FRANCISCANOS

Ya conocemos al humilde fraile, Francisco de Asís. Nació en el año 1182 con el nombre de Giovanni Bernardone y lo conocemos por su apodo "Francisco" (el pequeño francés), por elegancia y porque le gustaba mucho la ropa buena. Él enfermó y sufrió una transformación espiritual y prometió seguir a Cristo teniendo una vida sencilla y un espíritu de pobreza. Pronto él atrajo a muchas personas por su predicación y las mismas lo siguieron, mientras que él reconstruía la iglesia de San Damián, un símbolo de la reconstrucción de toda la Iglesia. El amor que Francisco sintió por la naturaleza y por la creación hizo que se le considerara como el patrón de los amantes de los animales. Él viajó a Tierra Santa y durante las Cruzadas en el año 1219 fue testigo de una pelea. Su humilde porte impresionó tanto al sultán quien les permitió a los cristianos que visitaran Tierra Santa. Los franciscanos ganaron fama por todo el mundo.

Clara de Asís (1194-1253) se unió a Francisco y fundó las clarisas, una orden contemplativa para mujeres dedicadas a la oración y a la penitencia.

Los dominicos

Cuando los herejes albigenses amenazaron a la Iglesia, el Papa Inocencio III llamó a un español, Domingo Guzmán (1170-1221), para que predicara y discutiera la teología con los herejes. La herejía albigense decía que la creación no es buena, rechazaba la humanidad de Cristo y los sacramentos. Los católicos devotos se confundieron porque veían que los herejes vivían una vida estricta. Domingo y sus seguidores formaron una nueva orden, la Orden de los predicadores, los dominicos, para acabar con la herejía. Ellos hicieron hincapié en el estudio de la teología y en la predicación de la fe.

Los frailes dominicos, impulsados por el amor que Domingo le tuvo a María, propagaron la devoción al rosario con su predicación.

La educación

Cuando vemos las grandes catedrales construidas en la Edad Media nos maravillamos al pensar en la ingeniosidad y en la labor que llevó construirlas. Las catedrales de Notre Dame en París, Chartres y Colonia dan testimonio de la fe. Consideremos la labor de muchos trabajadores que pasaron horas cargando piedras enormes desde las montañas. Miremos hacia arriba, hacia la parte más alta de la catedral. La estructura nos acerca más al mundo espiritual, el cual simboliza. Las catedrales medievales verdaderamente son maravillas de la fe y del espíritu humano.

Las catedrales

Los espirales de las catedrales góticas que dominan muchas ciudades medievales prueban ser testigos fieles de la fe. Construidas cuando la piedad se expresa en señales concretas, las mismas se convierten en el símbolo de lo que los laicos creen. Las ventanas de vidrios de colores, "las biblias de los pobres", representan los misterios cristianos en colores brillantes y luminosos.

En la Edad Media, los miembros del clero y los nobles eran los únicos que recibían educación. Las personas que tenían habilidad para el arte o para las artes manuales trabajaban con un maestro que las protegía. Aprendían el oficio y trabajaban como aprendices hasta que obtenían suficiente experiencia para trabajar por sí solas.

Muchas de las comunidades monásticas, adeptas en cuestiones agrícolas, se ganaban la vida con sus cosechas. Cuando la civilización cambió de las áreas rurales a los centros urbanos en el siglo doce y trece, los artesanos se reunían en los pueblos.

Los expertos y los estudiantes, bajo el auspicio y la protección del papa, formaron unas organizaciones y uniones para proteger sus derechos. La universidad se convirtió en el centro del aprendizaje, especializándose en la educación avanzada en los campos de la teología, de la filosofía, de la ciencia, de los clásicos y de la retórica. Las universidades más famosas fueron las de Bolonia, París y Oxford.

Las obras de Aristóteles, que al principio fueron consideradas una amenaza a las enseñanzas cristianas, llegaron a convertirse en ayudas para comprender la fe. Las verdades teológicas, unidas a los razonamientos de los filósofos, explicaban los misterios cristianos. Esta organización de verdades católicas con conceptos de la filosofía griega, llamado el escolasticismo, se convirtió en el método aprobado para el entrenamiento en la teología.

TOMÁS DE AQUINO

Un joven estudiante dominico, Tomás de Aquino (1225-1274), creyó con todo su corazón que nuestros sentidos humanos podían ayudarnos a profundizar nuestra espiritualidad y nuestra fe. Él desarrolló una nueva teología que demostró cómo se puede explicar nuestra fe con la razón humana. El resultado de su labor fue la obra titulada *Summa theológica*, una síntesis monumental de la creencia católica. Con el tiempo, se reconoció el genio de Aquino y la *Summa* se convirtió en un texto clásico de estudios teologales. Consideramos que Aquino es el teólogo más grande de la Edad Media, igual que Agustín de Hipo lo fue para la Iglesia de los primeros años.

Los papas de Aviñón (1308-1377)

El papado en el siglo catorce empezó con suntuosidad y con esplendor cuando Bonifacio VIII (1294-1303) declaró que el año 1300 era un año santo y bendijo las Puertas del Jubileo, una costumbre que todavía se observa hoy día. Pero Italia estaba dividida por luchas y por la instabilidad. En el año 1305, sin haber acordado quién iba a ser el sucesor del papa, un francés, Clemente V (1305-1314), aceptó el papado para adular a Felipe IV de Francia. Clemente nunca llegó a Roma, sino que estableció su residencia en un monasterio dominico en Aviñón.

En los sesenta y nueve años entre el año 1308 y el 1377, en el sur de Francia, en Aviñón, se establecieron siete papas franceses y la ciudad se convirtió en una meca de comercio para los banqueros, los artistas y los estudiantes, y también en una ciudad de mucho lujo para los papas. El dinero y la comodidad de los papas de Aviñón aumentaron. Ellos fueron muy buenos administradores y se hicieron muy ricos al imponerles impuestos muy altos a los miembros del clero.

En el año 1377 fue el Papa Gregorio XI (1370-1378) quien regresó a Roma cuando Catalina de Siena le dijo que regresara. Estalló la violencia y él murió pronto. Todavía tuvo que resolverse la cuestión del pontificado, y el futuro traería problemas más serios todavía.

El gran cisma de occidente (1378-1417)

Es posible que pensemos que todo volvería a la normalidad con el regreso del papa a Roma. Pero el regreso del papa a Roma provocó la ira de los franceses. Después de Gregorio XI, el conclave eligió al italiano Urbano VI quien resultó ser muy severo, inmoderado, imprudente y a quien muchas personas odiaban. Catalina de Siena lo regañó para que se reformara, pero él continuó su papado hasta el año 1389, cuando murió envenenado.

Para demostrar su desaprobación de la elección de Urbano, un cortejo de cardenales franceses regresó a Aviñón en el año 1378, y eligieron a Clemente VII como un papa de Aviñón porque creían que la elección de Urbano fue inválida.

Así que entonces la Iglesia tuvo dos papas, uno italiano y otro francés, cada uno creyó que él era el pontífice legítimo y se excomulgaron mutuamente. ¡La Iglesia estaba extremadamente dividida! ¿A quién se le iba a prometer fidelidad? Algunos países estaban a favor de Roma y de Urbano y otros se pusieron de parte del francés Clemente VII. Imaginemos los gastos de los papas: dos curias, dos colegios de cardenales, dos centros administrativos.

Los católicos se preguntaban cuál era el verdadero papa. En el año 1409, cuando Gregorio XII era el papa en Roma y Benito XIII el "papa" en Aviñón, se convocó un concilio en Pisa. Sin embargo, esta decisión empeoró la situación. El concilio eligió a un tercer papa, Alejandro V, a quien pronto lo sucedió Juan XXIII (1410-1414). Sí, éste es el mismo nombre que el del papa del Concilio Vaticano II que, al tomar el nombre, denota muy delicadamente la invalidez del papado del primer Juan XXIII.

El Concilio de Constancia (1414-1418) finalmente resolvió el dilema de los varios papas. Gregorio XIII abdicó, Juan XXIII renunció, a Benedicto XIII de Aviñón lo destronaron, y se eligió a un papa legítimo, Martín V (1417-1431), que reestableció la unidad papal. Pero el prestigio del papado sufrió durante los próximos siglos. Los escándalos, la inmoralidad, el nepotismo, la simonía y el concubinato aumentaron en el papado.

Hoy día damos por hecho que un papa viva en Roma, pero cuando consideramos las luchas de la Edad Media, apreciamos la estabilidad y el liderazgo espiritual de los papas de nuestra época.

La piedad y las devociones populares

Imaginemos que somos unos católicos en la Edad Media, la Edad de la fe. Mientras que la Iglesia trata de sobrepasar las dificultades, nosotros, las personas bautizadas también llamadas personas laicas, practicamos una fe profunda y sencilla, sin darnos cuenta de los escándalos que existen en la Iglesia a niveles más altos. Nuestra fe católica y nuestras vidas tienen su punto central en la iglesia parroquial que es el centro de todas las actividades sociales, educativas y culturales.

Ansiamos asistir a Misa los domingos cuando los aldeanos vienen al pueblo y traen sus cosas para vender en el mercado en la plaza. Asistimos a la Misa que el párroco celebra en latín y adoramos a Jesús sacramentado en la hostia cuando la eleva. Miramos en silencio y no recibimos la comunión, que se reserva sólo para ocasiones especiales. La Misa es sencilla y, excepto por el sermón, no comprendemos el idioma. Pero nuestra fe nos dice que ocurre algo muy especial: Jesús está presente aquí. Después de la Misa todos se reúnen para almorzar e ir al mercado.

El párroco, entrenado en la escuela de la catedral, no sólo celebra la Misa, los bautizos, los matrimonios y los entierros, sino que también visita a los enfermos y a los prisioneros, les da de comer a los pobres y es el árbitro en las discusiones de la aldea.

Adquirimos destrezas como aprendices de un maestro. En casa nos enseñan acerca de Dios y también nos enseña el sacerdote que reúne a las personas del pueblo para contarles historias de la Biblia. Nos gusta mirar los manuscritos ilustrados que él recibió del monasterio que está en las afueras del pueblo.

Esperamos los días de fiesta cuando vamos a la ciudad para asistir a la Misa en la catedral, un cambio placentero de la rutina diaria. Nos sentimos muy insignificantes cuando admiramos los espirales de la catedral que se extienden hacia el cielo como unas manos que rezan. Nos sentimos empequeñecidos porque el interior es enorme, y miramos asombrados mientras que el sol brilla a través de las figuras de los personajes de la Biblia y de los santos en las ventanas de vidrios de colores. El obispo, que lleva vestiduras de oro, va al frente de la procesión. Una música maravillosa y el incienso contribuyen al espectáculo.

Vemos las historias de la Biblia cobrar vida cuando los actores y los mimos usan sus talentos para dramatizar las escenas del evangelio en un drama.

Cuando el sacerdote eleva la hostia en la consagración, repican las campanas de la iglesia y adoramos a Jesús que está presente en el altar. Para nosotros Cristo es Dios en un cuerpo humano. Así que nos gusta mucho escuchar historias de su nacimiento, de su vida y de su pasión. Esperamos la Navidad cuando la historia de la natividad cobra vida con el nacimiento, una costumbre que Francisco de Asís empezó. Debido a que no podemos ir a Tierra Santa ni podemos caminar por donde Jesús caminó, seguimos los pasos de Jesús en su pasión por medio de las imágenes que vemos en las paredes de la iglesia, en el Vía Crucis. Creemos que recibimos la misma gracia cuando hacemos esto, como si hubiéramos ido en la peregrinación, por lo que hubiéramos podido ganar una indulgencia.

Debido a que no sabemos leer, contamos con nuestra memoria y nos aprendemos las oraciones. Sabemos el Padre Nuestro, el Ave María, el Gloria al Padre y el Credo. Cuán felices nos sentimos cuando un fraile dominico nos enseña cómo pensar acerca de la vida de Jesús y honrar a María en la oración por medio del rosario.

A veces el sacerdote exhibe una reliquia, algún recuerdo de un santo o de un mártir. La besamos reverentemente y decimos una oración, con la esperanza que el santo nos pueda ayudar. Sabemos que no podemos comprar una reliquia, pero le dedicamos una esquina del cuarto a una mujer santa de la aldea que ha muerto cuando ponemos allí un recuerdo de ella. Cuando las personas le rezan a ella, algunas veces alguien recobra la salud. Aunque la aldea la honra por ser una persona santa, no podemos llamarla "santa". Debido a que los fieles honran a tantas personas santas, en el año 1234, el Papa Gregorio IX decretó que sólo se podían honrar a las personas santas si el papa las canoniza.

Debido a que una tercera parte de la población murió víctima de la Peste (1347-1350), se le puso más atención a la muerte y a lo que nos espera después de la muerte. Vivimos nuestra fe a diario cuando oramos y hacemos el bien. Tratamos de vivir bien para ir al cielo un día. Cuando cometemos un pecado, acudimos al sacerdote que nos da la absolución en la confesión. Nos damos cuenta de que la Iglesia es importante para nosotros y de que la misión de Jesús continúa a través de todos los bautizados, algunos con un llamado especial como las monjas, los sacerdotes, los obispos y el papa en Roma.

Los místicos y los santos

La fe de las personas comunes y corrientes en la Edad Media era sencilla e iba de acuerdo con la vida espiritual cotidiana. Los místicos, por medio de la contemplación, experimentaron a Dios de unas maneras extraordinarias. Ellos desarrollaron una relación íntima con Dios por medio de un amor intenso y de un gran conocimiento de Dios. Algunos místicos de la Edad Media tuvieron una vida interior tan profundamente que a menudo experimentaron visiones y otros fenómenos espirituales porque estaban muy absortos con Dios y con la vida espiritual. Los místicos aspiraron a alcanzar la santidad y a menudo sus escritos contienen detalles de lo que Dios les revelaba. Conozcamos a algunas de las personas que contribuyen mucho a la herencia espiritual de la Iglesia.

CATALINA DE SIENA (1347-1380)

Catalina de Siena, la hija más joven de los veintitrés hijos de un mercader de textiles en Siena, pasó su vida rezando y cuidando a los enfermos como un miembro de la tercera orden de los dominicos. Debido a que fue una mística, ella desarrolló una relación personal íntima con Dios y se convirtió en un modelo para otras personas que trataron de obtener ayuda y dirección de ella. Ella se preocupó mucho por la Iglesia y deseó volver a establecer la disciplina espiritual y la unidad en la Iglesia y por eso viajó a Aviñón para animar al papa a que regresara a Roma. El papa regresó en el año 1378. En el año 1379, ella le aconsejó a Urbano VI que no fuera tan arrogante y les escribió a gobernantes y a obispos pidiéndoles que apoyaran al papa en su viaje de regreso a Roma. Su valor y su espiritualidad le ganaron un lugar prominente como Doctora de la Iglesia.

HILDEGARDA DE BINGEN (1098-1179)

Cuando Hildegarda era muy joven, ella entró en el convento donde usó sus talentos: su inteligencia y su amor por Dios de una manera extraordinaria. Ella se destacó en cuestiones médicas como médica y usó su talento musical como compositora. Pero recordamos a Hildegarda más por su comprensión de la teología y por su espiritualidad tan profunda. Como mística, abadesa y confidente de Bernardo de Claraval, Hildegarda vivió en los recuentos de la espiritualidad y en sus descripciones vívidas gráficas de las visiones místicas. Hoy día se le considera como a uno de los maestros espirituales de la Edad Media.

TOMÁS DE KEMPIS (1380-1471)

Monje, escritor espiritual y miembro de la Hermandad de la vida comunal, conocemos a Tomás por su obra clásica la *Imitación de Cristo*, un manual práctico de consejos espirituales.

JULIANA DE NORWICK (1342-1413)

Mística inglesa y reclusa, Juliana se dirigió al problema de cómo reconciliar la bondad de Dios con el mal que existe en el mundo. En la obra *Revelaciones del amor divino*, Juliana describió sus visiones y sus conversaciones con Cristo.

LA NUBE DE LO DESCONOCIDO

Un místico inglés desconocido usó un enfoque diferente para describir experiencias espirituales en *La nube de lo desconocido*. No se puede conocer a Dios por medio de imágenes y conceptos, sino sólo por medio del deseo que se expresa en la oración y en el silencio. Se alcanza el verdadero entendimiento espiritual cuando Dios penetra la nube que oscurece lo divino. Este libro es una de las obras clásicas espirituales más importantes.

Ahora llegamos a una de las épocas más intrigantes de la historia de nuestra Iglesia católica: el Renacimiento. En esta época de renacimiento cultural, de los comienzos del siglo catorce a los comienzos del siglo diecisiete, se renovó el interés por los clásicos romanos y griegos y nuevas invenciones, descubrimientos, adelantos científicos y toda clase de arte y de creatividad aumentaron repentinamente.

El Renacimiento: renacimiento de la cultura y de las artes

El Renacimiento empezó con una actitud, con un estado de ánimo. Las personas enfocaron la vida de una manera diferente y disfrutaron de las cosas buenas que el mundo ofrecía. Se considera que el ser humano no sólo es la creación de Dios, sino que también posee dones y talentos para mejorar la vida. Este cambio posiblemente viene cuando, después de la Peste, las personas empiezan a apreciar otra vez el don de la vida y la dignidad humana. El interés por el mundo material reemplazó la preocupación por lo espiritual.

Cambios rápidos hoy día nos preparan para imaginar los efectos que el Renacimiento ha tenido en la vida medieval. Las Cruzadas llevaron tesoros exóticos del Oriente al Occidente. Las ciudades aparecieron y el comercio aumentó. Los comerciantes, los artesanos, los artistas y los eruditos se entusiasmaron y encontraron maneras de expresar su creatividad. Los nombres de Miguel Angel, Rafael y Da Vinci dominan el Renacimiento. Todavía nos beneficiamos de la belleza y de la cultura de la época del Renacimiento.

Cuando Gutenberg inventó la imprenta en el año 1449, esto animó a las personas a que aprendieran a leer y a escribir e hizo que aumentara el número de publicaciones. Marinos osados le dieron acceso a Europa a lo que existiá al otro lado del océano. Exploradores españoles y portugueses fueron los líderes, especialmente Colón, DeSoto, Magallanes y Vasco De Gama.

Pero las personas del Renacimiento no ignoraban lo espiritual por completo. Si queremos saber cómo ellos se imaginaron la vida después de la muerte, examinemos la obra de Dante Aligieri, *La divina comedia*. Escrita en italiano, *La divina comedia* nos presenta a personas de la historia y lo que les espera después de la muerte. Viajemos con Dante mientras que Virgilio lo guía por el infierno, por el purgatorio y por el cielo. Parémonos ante las puertas del cielo y unámonos a la gloria de los ángeles. Las imágenes gráficas de Dante de la vida después de la muerte representan misterios nunca vistos. Dante nos da un vistazo del mundo espiritual que nos inspira, pero también ofrece un comentario serio de los males que existían en ese entonces y también de los defectos de las personas que tenían el poder.

Los papas del Renacimiento

Los papas del Renacimiento se encontraron en medio de la conmoción del Renacimiento. Ellos se concentraron en las preocupaciones temporales y le dieron la bienvenida al renacimiento de la cultura. Roma se convirtió en el centro del arte y de la cultura. Aunque ellos son más mundanos que espirituales, los diez papas del Renacimiento dejaron su huella en la Iglesia como patrocinadores de las artes y de los artistas del Renacimiento.

Pero ellos también se tuvieron que ocupar de otras preocupaciones. Ellos tuvieron que seguir controlando los Estados papales, que en ese momento eran gran parte del centro de Italia. Con la caída de Constantinopla en el año 1453, los turcos otomanes amenazaron Europa y a menudo los papas del Renacimiento pidieron que se llevara a cabo una Cruzada en contra de los invasores. Para mantener la paz y su autoridad, los papas establecieron unas alianzas peligrosas con los reinos vecinos.

Debido a que esto requirió dinero, los papas empezaron a recaudar fondos, a menudo por medios tortuosos, escandalosos y abusivos. Ellos vendían indulgencias, aceptaban sobornos de personas que querían ejercer oficios clericales e imponían impuestos exorbitantes. Con la esperanza de mejorar la economía de Roma, los papas promovieron mejoras y nuevos edificios en Roma para atraer a los peregrinos. Ellos elevaron a parientes al oficio de cardenal y de papa. Varios papas del Renacimiento fueron sobrinos de otros papas.

Algunos de los diez papas del Renacimiento, desde después del cisma de occidente hasta el Renacimiento, merecen ser mencionados.

SIXTO IV

Sixto IV (1471-1484), un fraile franciscano, probó ser un verdadero hombre del Renacimiento. Él transformó la faz de Roma, embelleciendo la ciudad y las calles. Él comisionó el embellecimiento de dos lugares que llevan su nombre: la Capilla Sixtina y el Puente Sixto, un puente sobre el río Tíber. Él construyó hospitales y organizó el coro Sixtino, que es famoso por el mundo entero. Para reprimir a los herejes, Sixto autorizó a Fernando e Isabel a que llevaran a cabo la Inquisición española.

ALEJANDRO VI

Alejandro VI (1492-1503), de la familia española Borgia, dejó una mancha muy grande en la historia de los papas porque engendró a hijos ilegítimos. Pero recordamos a Alejandro VI por otra razón. En el año 1492, cuando España y Portugal trataron de obtener la supremacía en las exploraciones del Nuevo Mundo, Alejandro VI puso fin a la disputa cuando trazó en un mapa la línea de demarcación por las Azores. Las tierras al oeste de esa línea eran españolas y Portugal controló las tierras al este de la línea de demarcación. Es obvio que el papa favoreció a España. Esto explica por qué se habla portugués en Brasil, mientras que se habla español en América Latina.

JULIO II

Julio II (1503-1513), sobrino de Sixto IV, fue conocido por su habilidad en las luchas, fue a la guerra para volver a capturar el territorio papal. Su preocupación militar hizo que le implorara a los suizos que protegieran Roma y al Papa. Desde ese entonces, la Guardia suiza oficialmente protege al Papa. Por ser un gran protector de las artes, Julio comisionó a Bramante, a Miguel Angel y a Rafael para que trabajaran en San Pedro y en otras capillas del Vaticano.

LEÓN X

León X (1513-1521), de la familia de los Médicis, lo hicieron cardenal a los trece años y en Papa por medio de los sobornos, llevó la época del Renacimiento a su fin. Su manera tan extravagante de vivir, sus ceremonias suntuosas y los gastos excesivos de la construcción de la Basílica de San Pedro hicieron que él acabara con el tesoro del Vaticano. Para apoyar el proyecto de esa construcción, León empezó una gran campaña vendiendo indulgencias. Sin prestarle ninguna atención a las voces que pedían una reforma, León continuó sus extravagancias. Él ignoró el desafío específico de Lutero de entablar un debate y lo excomulgó. Entonces Lutero empezó la Reforma, que es un capítulo muy triste en la historia de nuestra Iglesia católica.

El Renacimiento le dejó a la Iglesia unos magníficos tesoros de arte, pero la Iglesia necesitaba desesperadamente una reforma espiritual y una renovación. Al principio del siglo dieciséis la Iglesia había perdido su prestigio espiritual y, como otras instituciones humanas, se dirigía como un negocio. Una reforma no sólo es inevitable, sino que es necesaria para alcanzar la renovación.

Los reformadores, criticaron la riqueza y la inmoralidad del clero de la Iglesia, no es que fueran infieles que odiaran a la iglesia sino que, al principio, sentían un deseo sincero de que las cosas cambiaran. Ellos creían que los rituales, los dogmas y el culto de los santos oscurecían el mensaje auténtico cristiano acerca de Jesucristo. Y así los reformadores acudieron a la autoridad de la Biblia y pidieron una reforma interna.

Los reformadores tuvieron muy buenas intenciones,

Precursores de la Reforma

pero la manera como expresaron sus preocupaciones ocasionaron un conflicto y, finalmente una separación de la Iglesia romana. Aunque Martín Lutero provocó la Reforma, el proceso de la misma empezó antes, con las personas que trataron de corregir los abusos y que se atrevieron a sugerir cambios.

JUAN WICLEF

Juan Wiclef (1324-1384), un sacerdote inglés, predicó contra los abusos flagrantes en la curia y pidió que se volviera a vivir sencillamente como lo hicieron los primeros cristianos. Él organizó grupos de predicadores ambulantes, los lolardos, y tradujo la Biblia al inglés. Muchos años después de la muerte de Wiclef, en el año 1415 el Concilio de Constancia condenó sus acciones y se desenterraron y se quemaron sus restos.

JUAN HUS

Juan Hus (1369-1415), un sacerdote y profesor en Praga, expresó su acuerdo con Wiclef y también abogó por la reforma. Debido a que Hus censuró el papado, se le acusó de ser hereje. El Concilio de Constancia en el año 1415 lo quemó en la hoguera. En Bohemia, los seguidores de Hus lucharon contra los católicos, viviendo el ejemplo de sus ideales y formaron la Iglesia moraviana.

ERASMO

Erasmo de Rotterdam (1466-1536), un escritor humanista holandés, atacó la corrupción en la Iglesia en una sátira muy popular, *Elogio de la locura*, que aumentó la rebelión en contra de la Iglesia.

Podríamos pensar que estos intentos por obtener la reforma traerían unos buenos resultados. Más bien llevan a una animosidad mayor contra la Iglesia. Aunque unos líderes con carisma llevaron la delantera en sus esfuerzos que fracasaron por lograr la reforma, la Iglesia continuó su estado de decadencia hasta que Martín Lutero llegó y empezó en serio la Reforma.

La Reforma protestante (1517)

Supongamos que nosotros, unos católicos, vivimos en una aldea alemana a principios del siglo dieciséis. Le somos fieles a la Iglesia y al papa, aunque nos damos cuenta de que muchos miembros del clero no viven de acuerdo a su vocación. Para nosotros, Dios es un juez severo que nos castigará severamente por nuestros errores. Le tenemos miedo al fuego del infierno y al purgatorio. Así que hacemos todo lo que nuestra religión exige y rezamos para ir al cielo.

Un día, al salir de la iglesia, conocemos a un fraile dominico, Juan Tetzel, que nos dice que todos nuestros pecados y que los castigos temporales van a ser eliminados si ponemos unas monedas en sus tesoros para ayudar a construir la basílica en Roma. Nosotros damos y creemos que nuestra generosidad nos va a librar de la ira de Dios. Nos preguntamos si es verdad que las autoridades usan el dinero para hacer otras cosas. La Iglesia parece ser injusta. Los pobres tienen que dar dinero mientras que el clero vive muy cómodamente. La mayoría de las personas está enojada con la Iglesia y no tiene ningún poder para hacer nada para corregir la situación.

Cuando caminamos por Wittenberg en el año 1517, vemos noventa y cinco párrafos (a los que se les conoce como "tesis") escritos en un papel y clavado con tachuelas en la puerta de la catedral. El sacerdote agustino, Martín Lutero, está enojado con la Iglesia y desafía a cualquier persona a que discuta las "tesis". En vez de discutir, los oficiales de la Iglesia llaman a Martín Lutero. Mientras tanto, él distribuye pequeños escritos que causan un escándalo por todo el país y hasta en otros lugares también. No nos damos mucha cuenta de que somos parte de una agitación que afectará a la Iglesia y al mundo por siglos: la Reforma protestante.

Martín Lutero (1483-1546)

Aunque Lutero tuvo muy buenas intenciones y no quiso empezar una nueva Iglesia, lo que él hizo aumentó vertiginosamente en cuanto a la hostilidad hacia la Iglesia. Lutero se negó a retractar sus declaraciones y basó sus observaciones en las justificaciones por la fe. Él negó cualquier necesidad de tener ritos y tradiciones de la Iglesia. Lutero fue un experto bíblico y un lingüista, usó la invención de la imprenta para diseminar sus ideas con panfletos y publicaciones que llegaron más allá de su propio país. La Iglesia condenó las ideas de Lutero como herejías y lo excomulgó. Los nobles que apoyaron a Lutero lo protegieron en Wartburg, donde él tradujo la Biblia al alemán.

En una época cuando las personas laicas comunes y corrientes no se sintieron satisfechas con la Iglesia, ellas encontraron consuelo en las ideas de Lutero y las aceptaron. Las multitudes amotinadas exigían justicia y protestaron contra los abusos y las prácticas de la Iglesia. Empezó la guerra entre los grupos opuestos. Los disidentes se separaron de la Iglesia y se convirtieron en la Iglesia luterana. Las acciones de Lutero llegaron a otros países y otras personas exigían que hubiera una reforma.

ULRICO ZWINGLIO

Ulrico Zwinglio (1484-1531), un sacerdote en Suiza, también sintió que era necesario que la Iglesia se reformara, aunque no estuvo de acuerdo con Lutero en varios puntos de teología. Zwinglio dirigió a sus seguidores a la guerra contra los católicos suizos que no aceptaron sus enseñanzas. Él murió en la batalla.

Los reformadores calvinistas

JUAN CALVINO

Juan Calvino (1509-1564), un abogado francés, aceptó rigurosamente los principios de Zwinglio y trabajó a favor de la reforma. Él organizó la reforma en Ginebra, Suiza, estableció una universidad teológica e influyo en su teología radical. Él creyó que Dios determinaba quién se iba a salvar y que las personas no podían hacer nada por sí solas para alcanzar la salvación. Esta teoría de la predestinación y el calvinismo echaron raíces en los Países Bajos (Holanda), Prusia, el Palatinado y Francia, donde se conoció a los calvinistas como los hugonotes.

JOHN KNOX

John Knox (1513-1572), un sacerdote escocés, adoptó las ideas de Calvino y llevó la religión reformada a Escocia, a Inglaterra y al Nuevo Mundo. A los seguidores de Calvino y de Knox se les conoce como presbiterianos. A los puritanos que emigran a América y siguen la teología de Calvino se les conoce como los congregacionalistas.

Enrique VIII (1509-1547) y la Iglesia de Inglaterra (Anglicanismo)

La Reforma llegó a Inglaterra no por cuestiones de doctrina o de teología, sino por los problemas personales del Rey Enrique VIII. En el año 1534 él le pidió permiso al papa para divorciarse de la Reina Catalina de Aragón para poder casarse con Ana Bolena. Le negó el permiso y Enrique se rebeló, fue excomulgado y entonces él proclamó que era la cabeza de la Iglesia de Inglaterra. Santo Tomás Moro y San Juan Fisher, que trataron de disuadirle fueron decapitados.

Enrique no negó las verdades doctrinales y retuvo muchas de las cosas externas y de la liturgia de la Iglesia católica. Él rechazó la autoridad del papa y cerró monasterios.

Este fue el comienzo de la Iglesia anglicana, que hoy día es la iglesia oficial de Inglaterra. El monarca de Inglaterra es la cabeza de la Iglesia y el Arzobispo de Canterbury es el prelado principal.

Las personas anglicanas que se establecieron en el estado de Virginia en los Estados Unidos desearon eliminar todos los lazos de unión con Inglaterra cuando los Estados Unidos lograron su independencia en el año 1790, y se les conoció como episcopales. Durante la Revolución Industrial, Juan y Carlos Wesley desearon ofrecerles un ministerio más efectivo a los trabajadores y formaron la Iglesia metodista.

Reformadores radicales: los anabaptistas

Algunos reformadores, los anabaptistas, creyeron en una observancia estricta y radical de los ideales cristianos. Ellos rechazaron los ritos y las ceremonias, bautizaban sólo a los adultos, predicaban la separación del mundo, se negaron a portar armas y vivieron una vida sencilla en comunidad. Los huterianos, los *amish*, los menonitas y los cuáqueros sobreviven hoy día como ramas de estos reformadores radicales.

Cuatro movimientos principales de la reforma protestante

El luteranismo (1517)

MARTÍN LUTERO
Alemania
Iglesias luteranas • Movimiento pietismo

Calvinismo (1521)

JUAN CALVINO
Suiza
Calvinismo • Iglesia reformada (John Knox)
Presbiterianos • Hugonotes franceses •
Congregacionalista

Anglicanismo (1534)

EL REY ENRIQUE VIII
Gran Bretaña
Iglesia de Inglaterra (Iglesia anglicana)
Iglesia episcopal (EE.UU.)
Metodistas (wesleyans)
Ejército de salvación

Evangelismo (1520)

ANABAPTISTAS
Alemania, los Países Bajos (Holanda)
Bautistas (EE.UU.) • Menonitas
Amish • Huterianos

Las muchas denominaciones del cristianismo protestante se desarrollaron de estos cuatro grupos de reformadores: los luteranos, los calvinistas, los anglicanos y los anabaptistas.

Reflexión de los siglos once al dieciséis

Cuando trato de comprender y de aprender lecciones que pueden ayudarme en mi vida espiritual hoy día, siento muchas emociones diferentes. A veces me siento orgullosa de la Iglesia y otras veces me siento avergonzada. Me maravillo cuando veo cómo la Iglesia sobrevive la época tumultuosa del siglo once al siglo dieciséis. La Iglesia llega al punto culminante del prestigio humano y sin embargo, se hunde hasta a su punto más bajo.

LAS CRUZADAS

Las Cruzadas provocan imágenes de caballeros y de reyes que marchan valientemente para luchar por el Señor. Admiro el celo y el valor de los cruzados cuando tratan de salvar los lugares santos. ¡Qué fe tienen que tener para dejarlo todo por Cristo, sabiendo que es posible que no regresen!

Pero me siento avergonzada al leer recuentos de las explotaciones de los cruzados y de la violencia que usan para alcanzar sus metas. Critico sus métodos y siento remordimiento por la muerte de los inocentes porque son un estorbo cuando tratan de realizar sus planes ambiciosos. Esta verdaderamente es una época que me gustaría eliminar de nuestra historia. Resuelvo reconocer y respetar todas las religiones.

AUTORIDAD DE LA IGLESIA

Aunque me siento orgullosa por los avances que se lograron en la organización y en el prestigio de la Iglesia de la Edad Media, me horroriza leer acerca de la política, de las atrocidades y de la inmoralidad de los papas de Aviñón y de la época del cisma y del secularismo de los papas del Renacimiento que se olvidaron de su misión pastoral. Le doy gracias a Dios por el papa que tenemos hoy día y rezo para que su integridad continúe con los papas del futuro.

GRANDES SANTOS

Me siento descorazonada por los escándalos papales, pero también recobro la calma y me enorgullezco cuando pienso en los grandes santos que esta época produce. Bernardo, Francisco, Domingo, Tomás Aquino, Catalina de Siena, Hildegarda y en los otros místicos que son los modelos del ideal para mí. Su ejemplo me desafía y me inspira cuando leo sus obras y los recuentos de sus vidas.

LA PIEDAD Y LA DEVOCIÓN

La jerarquía de la Iglesia no dio un buen ejemplo, pero las personas laicas de la Edad Media mantuvieron la fe viva. Me inspiran la sencillez y la sinceridad de las personas que veneran las reliquias, que rezan el rosario, que toman parte en las procesiones y que viven vidas piadosas.

Aunque no puedo estar totalmente de acuerdo con la espiritualidad de la Edad Media, me doy cuenta que las personas de esa época tuvieron una opinión muy diferente del mundo. Lo que nosotros consideramos como natural y algo que tiene una explicación, ellas lo consideraron sobrenatural y milagroso. Puede que la fe y las prácticas que fueron buenas para esa época no tengan mucho significado hoy día. Las ideas y los métodos pueden ser diferentes, pero las devociones y en la oración privada tienen valor.

El Renacimiento

Al reflexionar acerca del Renacimiento, aprecio el arte y la herencia cultural de esa época, especialmente la Piedad, la Capilla Sixtina y la magnífica Basílica de San Pedro. Me doy cuenta que *La divina comedia* de Dante me ayuda a reflexionar acerca de mi destino eterno.

La necesidad de tener una reforma

El Renacimiento hizo hincapié en la naturaleza humana y desprecia la disciplina tradicional espiritual. Igual que yo necesito asesorar mi situación cuando me encuentro en una rutina personal, la Iglesia también necesita a los reformadores porque se preocuparon por la reforma interior. Que mis reflexiones sobre la época de la Reformación me animen en mis esfuerzos espirituales por alcanzar la renovación.

PARTE IV

La Iglesia contemporánea
Desde la Reforma católica (1545) hasta el presente

Imaginemos que somos unos católicos después de la Reforma. El catolicismo ya no es la única religión en el oeste de Europa, sino que es una de muchas otras. Se propagan las iglesias cristianas protestantes por una Europa insegura e inestable. Deseamos ser constantes en la fe, pero los reformadores continúan circulando sus ideas.

La Iglesia católica experimenta sus propios conflictos internos y necesita un cambio. Ahora más que nunca necesita defender y afirmar la fe, pero realizar un cambio desde el interior no es algo que se logra fácilmente. ¿Cómo le hace frente la Iglesia a esta explosión de disidencia y de agitación? La Iglesia responde al dilema de una manera radical. El Papa Pablo III toma una decisión e inicia la Reforma católica cuando convoca el Concilio de Trento, un capítulo muy importante en la historia de nuestra Iglesia católica.

La respuesta católica a la Reforma: El Concilio de Trento (1545-1563)

Los líderes de la Iglesia católica se dieron cuenta de que necesitaban hacerles frente a los problemas que tuvieron del exterior y a la necesidad todavía más urgente de iniciar un cambio espiritual interno. Así que el Papa Pablo III convocó el Concilio de Trento (1545-1563), y debido a ese concilio la Iglesia asumió una posición de defensa y de disciplina, corrigió los abusos y aclaró las doctrinas de la Iglesia. Debido a que los reformadores causaron tanta agitación, los católicos necesitaban saber exactamente cuál era la opinión de la Iglesia con respecto a los asuntos que se discutían. Este Concilio puso en marcha enseñanzas católicas auténticas de una manera definitiva. Dictó numerosas instrucciones relacionadas con la educación del clero, con el establecimiento de seminarios y con la celebración de la liturgia. El concilio garantizaba que se le iba a ser fiel a la verdad y a corregir los abusos. Roberto Belarmino y Pedro Canisio elaboraron un catecismo, una síntesis de las enseñanzas de la Iglesia. Los papas con su moral muy recta produjeron la estabilidad cuando corrigieron los abusos.

La Iglesia se esforzó por recuperar su buena reputación por medio de la reforma exterior. Se reguló la Misa y los ritos. La Misa sería en latín y la congregación observaría y casi no participaría directamente. La Biblia sólo estaba a la disposición de las personas en traducciones autorizadas que se basan en la traducción "Vulgata".

Las personas laicas complementaron su espiritualidad por medio de las devociones y de las prácticas piadosas, muchas de las cuales han quedado de la Edad Media. Entre los seglares se popularizó las devociones a los santos y la veneración de las reliquias. La devoción a la Eucaristía se realzó por medio de las bendiciones, las procesiones de *Corpus Cristi* y la exposición del Santísimo Sacramento en custodias muy adornadas.

El Papa San Pío V

El Papa San Pío V (1566-1572), el único de los papas del siglo dieciséis que fue canonizado, llevó una piedad muy profunda e integridad al oficio del pontificado. Él puso en práctica los decretos del Concilio de Trento, prohibió el nepotismo y desafió a los cardenales a que fueran honrados. Por ser ejemplo de una virtud ejemplar, Pío V, un dominico, siguió vistiendo su hábito religioso. Esta tradición de la casulla blanca de los dominicos continúa siendo la vestidura oficial de los papas.

Los papas del período después de la Reforma

Gregorio XIII

Gregorio XIII (1572-1585), fundó seminarios y animó la actividad misionera. Se le recuerda más por su reforma del calendario juliano. Después de consultar a algunos astrónomos, Gregorio desarrolló una manera más precisa de medir el tiempo. El calendario gregoriano rectificó una discrepancia de diez días entre el ciclo lunar y el solar. El 5 de octubre del año 1582 se convirtió en el 15 de octubre del año 1582. Ahora el calendario gregoriano es la manera universal de medir el tiempo.

Los papas de la época después de la reforma del siglo dieciséis realizaron sus metas de que la Iglesia alcanzara una vitalidad y un espíritu renovado. Los laicos también sintieron más confianza en sí mismos y mucho más celo.

Después de la Reforma, un nuevo fervor inspiró la formación de nuevas órdenes religiosas. Los capuchinos, una rama de los franciscanos, volvió a adoptar el espíritu austero de Francisco y propagaron la fe como misioneros, confesores, predicadores y maestros.

Ignacio de Loyola (1491-1556) fue la fuerza dinámica

Las órdenes religiosas ayudan a renovar la Iglesia

que impulsó la contra-reforma. Herido en una batalla, él sufrió una transformación espiritual y escribió una guía para la vida espiritual, Los ejercicios espirituales, que todavía es popular hoy día. Su celo atrajo a otros que le siguieran, y él fundó la Sociedad de Jesús, conocida como los jesuitas, que prometen fidelidad al papa. Los jesuitas aumentaron rápidamente en número, y se especializaron en la educación, en las misiones y en la evangelización. Ellos detuvieron el avance del protestantismo y ayudaron a recobrar tierras que el catolicismo había perdido. Muchos de los teólogos y misioneros de la época después de la Reforma son jesuitas.

Unos jesuitas muy destacados son Francisco Javier, misionero en la India, Japón y el Oriente. Mateo Ricci llevó la fe a China al incluir las costumbres chinas con las del catolicismo. Más tarde muchos jesuitas, como por ejemplo, Pierre Marquette e Isaac Joques, propagan la fe en los Estados Unidos. Hoy los jesuitas laboran en muchas partes del mundo y es una de las órdenes más grandes y más conocidas en la Iglesia.

Vicente de Paúl (1580-1660) fundó la Congregación de la Misión, o de los vicentinos, como se les conoce. Este grupo se dedicó a hacer obras de caridad a favor de los pobres y de los enfermos. Un movimiento laico, la Sociedad de San Vicente de Paúl, fundada por Federico Ozanan, todavía contribuye hoy día al ministerio de la Iglesia a los pobres y a los necesitados.

Luisa de Marillac fundó las Hermanas de la Caridad, una comunidad religiosa de mujeres que trabaja con los pobres.

Desde el año 1535 las ursulinas de Angela Merici se han especializado en la enseñanza.

Alfonso María de Liguori (1696-1787), teólogo de la moral conocido por su obra clásica *Las glorias de María*, fundó los redentoristas, la Congregación del Santísimo Redentor, para trabajar entre los pobres y dar consejos espirituales por medio de misiones y de retiros por todo el mundo.

En esta época después de la Reforma las comunidades religiosas que ejercieron nuevos ministerios reflejaron un estilo popular de vida religiosa. Debido a que la Iglesia se preocupó más por las necesidades de las personas, el apostolado religioso se concentró más que nada en hacer obras de caridad, en el cuidado de la salud y en la enseñanza.

La vida contemplativa prosperó mucho y produjo gigantes de la espiritualidad en España. Teresa de Avila y Juan de la Cruz vivieron en una época cuando el tribunal de la Inquisición todavía operaba en España.

Los místicos de la época después de la Reforma

Teresa de Avila (1515-1582), una mística famosa, Doctora de la Iglesia, escritora espiritual y reformadora carmelita, fue cuestionada por los inquisidores, quienes lo hacían a causa de quejas relacionadas con sus esfuerzos por lograr una reforma. Recordamos a Teresa más que nada por el legado espiritual que ella dejó, *Castillo interior*, una obra clásica que trata de la oración, y *Camino de perfección*.

Juan de la Cruz (1500-1569), que también sufrió debido a la persecución de la Inquisición, predicó una espiritualidad severa y le sirvió de consejero espiritual a Teresa de Avila. Su legado incluye escritos místicos y espirituales, especialmente el gran clásico *Noche oscura del alma*.

Mientras que gran parte de Europa experimentaba una inquietud y una inestabilidad, también brotó un nuevo entusiasmo cuando se descubrieron nuevas fronteras. Los descubrimientos en otras partes del mundo, espe-

El nuevo mundo

cialmente en el continente Americano, expandieron el colonialismo español, portugués, inglés y francés. Una ruta que comenzó en Europa y que iba alrededor de África y de América del Sur abrió el camino a áreas enormes que no habían sido exploradas. España y Portugal encabezaban la exploración de Sur América, de México y del suroeste de los Estados Unidos. Francia envió a misioneros con los exploradores a Canadá y al río Missisipi. Los puritanos y los colonos de Inglaterra reclamaron Nueva Inglaterra y Virginia para los protestantes.

La Iglesia venció el caos interior e iba a tierras de misiones. Misioneros jesuitas, franciscanos y dominicos iban con las expediciones. Los misioneros dejaron su marca en el suroeste de los Estados Unidos cuando nombraron lugares como Los Angeles, Santa Bárbara, San Diego, Sacramento, San Juan, Santa Fe y muchos otros, un testimonio de la influencia del catolicismo.

La Iglesia después de la Reforma

Después de la Reforma se volvió a trazar el mapa de Europa según la religión que se practicaba. Ya no se asoció automáticamente una religión con un país individual.

Esta situación trajo las guerras de religión en Francia (1562-1568), disputas políticas y religiosas entre los católicos y los protestantes franceses, los hugonotes. El Edicto de Nantes en el año 1598 decidió este asunto, concediéndole la libertad a los hugonotes.

Pero la paz no iba a durar mucho. La mayoría de las naciones europeas tomaron parte en la guerra de los Treinta Años (1618-1648) involucraron a la mayoría de las naciones europeas en disputas dinásticas, religiosas y territoriales. La Paz de Wesfalia (1648) anunciaba una era de paz, pero también sembró la semilla de la división con su estipulación que decía que el gobernante del reino determina la religión del lugar.

Las guerras que se libraron en nombre de la religión afectaron las ideas que se tenían de Dios. Varios movimientos van por toda Europa y la Iglesia estaba íntimamente entrelazada con ellos.

Cornelio Jansen, obispo de Yprés, Holanda, creó una forma católica del calvinismo cuando interpretó erróneamente la enseñanza de Agustín acerca de la gracia, predicó la depravación inherente de los seres humanos y negó el libre albedrío. Esto condujo a la herejía llamada jansenismo, la cual abogaba por la austeridad moral y decía que las personas no eran dignas de recibir la comunión debido a su naturaleza pecadora. La Iglesia censuró la moral extrema de Jansen, sin embargo la actitud persistió en la mente de las personas laicas. Esta manera de pensar se extendió por toda Francia. Apareció en Alemania como el febronianismo y en Austria como el josefismo.

Jansenismo (1585-1638)

Aunque en el año 1713 el Papa Clemente XI condenó el jansenismo, los católicos seguían divididos en relación con este asunto. Su influencia continúa hasta el presente en aquellas personas que defienden una moral austera y estricta.

La reacción al jansenismo llevó el péndulo hacia la posición opuesta. Condujo a las ideas de la Ilustración, en la cual se consideró que la razón humana es absoluta y se descartaba la fe.

La Ilustración: la razón en vez de la fe

Pensemos cómo la Reforma afectó las vidas y las actitudes de las personas. La instabilidad de la Reforma con su proliferación de ideologías religiosas nutrió unos sentimientos muy fuertes que expresaban desagrado y sospecha de las cosas espirituales. Las personas examinaban lo que cada reformador reclamaba, hacían preguntas y buscaban respuestas. La Iglesia perdió su monopolio de la religión y los reformadores le hacían mucho daño a su imagen. Las personas buscaban por todas partes las probables soluciones de los misterios de la vida.

Esta reevaluación crítica del papel que la religión tenía llevó a la era de la Ilustración en los años 1700. No se confiaba ni en la fe ni en las cosas religiosas y se consideraba que habían pasado de moda y que no tenían nada que ver con el presente. El razonamiento humano se convirtió en la norma máxima para tratar los asuntos intelectuales, políticos, científicos y filosóficos. La Ilustración prometía la esperanza de alcanzar un progreso científico y animaba a que se experimentara para obtener nuevos conocimientos. Los seres humanos necesitaban pensar y razonar de una manera creativa para comprender el mundo. Esta actitud engendró la tolerancia de las nuevas ideas y fue una reacción fuerte en contra de la intolerancia religiosa.

Las explicaciones y los desarrollos científicos apoyaron la Ilustración y desacreditaron cualquier explicación sobrenatural. Una vez que la religión se hizo a un lado, era posible ver un torrente de filósofos, científicos y estudiosos que eran proponentes del nuevo pensamiento y que consideraron que el conocimiento humano se basaba en el razonamiento y en la creatividad humana.

Veamos el ejemplo de Galileo. Durante siglos las personas creyeron que la tierra era el centro del universo, porque tomaban literalmente el recuento del Génesis. Pero entonces un astrónomo polaco, Nicolás Copérnico, dijo que el sol era el centro de nuestra sistema de planetas. Galileo, científico y descubridor del péndulo, del telescopio y de las lunas de los planetas Júpiter y Venus, apoyó apasionadamente la teoría de Copérnico de que el sol era el centro del universo. Galileo publicó sus descubrimientos, pero la Iglesia lo silenció y lo encarceló en el año 1633 porque en ese momento la Iglesia consideraba que su teoría era una herejía, contraria a los recuentos bíblicos de la creación en el primer capítulo del Génesis. El tiempo probó que Galileo tenía razón. En el año 1992, el Papa Juan Pablo II exoneró a Galileo y expresó que sentía mucho lo que le había sucedido.

Galileo (1564-1642)

Descartes se dio cuenta de que la ciencia estaba empezando a transformar la civilización y la sociedad. Él dudó que podíamos fiarnos de los sentidos, lo dudó todo y afirmó la existencia personal en su famosa frase, "Pienso, luego existo". Esta teoría hizo que se tuviera un enfoque racionalista de la realidad y que se cuestionaran los asuntos religiosos.

René Descartes (1596-1650)

Voltaire vio el engaño y la corrupción en la Iglesia y los atacó con ironía. Él apoyó el deísmo, una teoría que acepta a Dios como un creador, pero uno que no se preocupa por el mundo, sino que lo trata con indiferencia. Sólo por medio del uso de la razón y de la experiencia era que los seres humanos podían alcanzar una sociedad perfecta. Estas ideas deístas se difundieron por toda Europa y llegaron hasta las colonias de los Estados Unidos.

Voltaire (1694-1778)

Rousseau (1712-1778)   Rousseau, filósofo y teórico político de mucha influencia, propuso una teoría secular de gobierno. Él afirmó que los seres humanos eran buenos por naturaleza, pero que la sociedad y la civilización los corrompía. Las ideas de Rousseau acerca de las leyes y del gobierno que se basaban en la voluntad de las personas gobernadas preparó el camino para las Revolución americana y la francesa.

El racionalismo   Los filósofos y los científicos explicaron los misterios espirituales y naturales de la vida de maneras racionales. Se consideró que la razón humana era la norma suprema. Así era el ambiente en la Iglesia del siglo dieciocho. Los filósofos Locke y Berkeley enseñaron que toda expresión religiosa venía por medio de los sentidos. Descartes, Spinoza, Kant y otros racionalistas predicaban la autoridad del racionalmiento natural y dudaban de los sentidos.

Imaginemos cómo estas ideas revolucionarias confundieron a las personas comunes y corrientes y afectaron las actitudes que tenían en cuanto a la vida y al gobierno. La nobleza ya no era el único grupo que tenía educación, sino que los laicos alcanzaron la capacidad de leer y de escribir y tuvieron más confianza en sí mismos para expresar sus sentimientos. Los ciudadanos comunes y corrientes, convencidos de que tenían derechos, expresaron sus opiniones. Esta actitud preparó el camino para lo que se iba a convertir en uno de los eventos más significativos de la Europa del siglo dieciocho, la Revolución francesa.

La Revolución francesa y Napoleón (1789-1815)

El 14 de julio del año 1789, el pueblo se rebeló y atacó la Bastilla, una prisión y un símbolo de la supremacía francesa. Comenzó el Reino de terror, se atacó a la Iglesia, se cerraron iglesias y monasterios, se disolvieron comunidades religiosas y muchos miembros del clero y muchos católicos que estaban de parte de la revolución fueron condenados a la guillotina.

Napoleón se convirtió en un dictador en el año 1799 y se produjo el desorden hasta el año 1815. Para beneficiarse personalmente, él formó un concordato con el papa.

En la Batalla de Waterloo en el año 1815, Napoleón sufrió una derrota, la familia de los Borbones volvió a asumir el poder y se dio un período de una paz relativa.

Los gobiernos democráticos que tenemos hoy día son posibles debido a la Revolución francesa. Se destruyó el derecho divino de la monarquía y un nuevo código de leyes respetaba al individuo y permitía que las personas se sobrepusieron a su clase social. El impacto que la Revolución francesa tuvo en la Iglesia ha tenido efectos de mucho alcance. También influyó a quienes se les conoce en los Estados Unidos como los "padres fundadores" en el año 1789 cuando ellos garantizaron la libertad religiosa en la primera enmienda de la Constitución de los Estados Unidos.

La industrialización

El siglo diecinueve anunciaba un mundo que cambiaría rápidamente debido a muchas nuevas invenciones y muchas maneras de producir bienes. La Revolución industrial cambió las vidas y las condiciones de trabajo y afectó profundamente a las personas comunes y corrientes. Las máquinas y la producción en masa reemplazaron la creatividad de los buenos artesanos. Los trabajadores tenían que abarrotar por las fábricas donde había demasiadas personas y hasta niños trabajando también.

Esta Revolución no sólo afectó la sociedad y nuestras vidas, sino que también tuvo un efecto en la teología. La tecnología afectó nuestros valores espirituales y nuestra fe religiosa. La Iglesia le hizo frente a nuevos desafíos en los campos de la moral y de la justicia social.

La Iglesia en los años 1800

Aunque la Iglesia se debilitó durante la Revolución y la era napoleónica, a esto le siguió un renacimiento de la religión, que se demostró por medio de una reverencia por las tradiciones religiosas y de la fe entre el laicado. Las devociones y la piedad popular satisficieron el deseo de regresar a lo espiritual. La expansión misionera continuó con los emigrantes de Europa que llegaron a los Estados Unidos. La Iglesia en los Estados Unidos creció.

En el año 1859 Carlos Darwin empezó otra controversia con su obra *El origen de las especies*. Darwin fue un proponente leal de la teoría de la evolución, que todas las formas de vida se desarrollaron de formas más inferiores. Esta teoría, que contradice el recuento de la creación en el primer capítulo del Génesis, planteaba preguntas acerca del origen de la raza humana y creó una controversia en desarrollo entre las personas que tomaban la Biblia literalmente y las que consideraban que la Biblia sólo tenía un sentido espiritual.

El Venerable Papa Pío IX (1846-1878)

El Papa Pío IX, el papa cuyo pontificado fue el más largo y más importante del siglo diecinueve, asumió su oficio en el año 1846 durante los disturbios y la guerra. Su pontificado de treinta y dos años tuvo su punto culminante en el año 1854 cuando proclamó el dogma de la Inmaculada Concepción de María. Pío IX definió la estabilidad papal a través del Concilio Vaticano I y del dogma de la infalibilidad papal. El Concilio Vaticano I, truncado por la Guerra Franco-Prusiana del año 1870, no pudo concluir su discusión del papel que los obispos tenían. (El Papa Juan XXIII resumió estos asuntos pendientes en el Concilio Vaticano II en el año 1962). Los Estados Pontificios se convirtieron en parte de Italia. Para protestar el establecimiento del gobierno italiano de los Estados Pontificios, Pío IX se convirtió en un prisionero voluntario del Vaticano. Esta situación duró hasta el Tratado de Letrán del año 1929.

El éxito de la Iglesia católica en los últimos años del siglo diecinueve y en el siglo veinte se debió más que nada al liderazgo de los papas, que consideraron que su rol espiritual y pastoral es una prioridad. Los papas desde Pío IX hasta el presente demuestran la preocupación que tienen por el bienestar temporal y espiritual de todas las personas. Sus vidas personales y su preocupación por los asuntos del mundo prueban su santidad y su liderazgo. La manera como se criaron y las diferencias en sus personalidades encarnan la naturaleza universal de la Iglesia. Ellos guiaron a la Iglesia a través de la confusión que hubo durante dos guerras mundiales y en medio de los cambios drásticos que se vieron en la manera de vivir, en las estructuras políticas, en la tecnología y en la comunicación.

Somos testigos del testimonio que las vidas de muchos santos destacados, que expresaron una fe profunda a pesar de la confusión de esa época, dieron energía nueva que la Iglesia del siglo diecinueve experimentó.

Los santos del siglo diecinueve

Isabel Seton

Isabel Bayley Seton (1774-1821), la primera persona canonizada que nació en los Estados Unidos, fue una conversa, una esposa y una madre. Ella fundó las Hermanas de la Caridad de Emmitsburg, Maryland. Sus escuelas sirvieron como modelos para las escuelas católicas parroquiales en los Estados Unidos.

Juan Neumann

El Obispo Juan Neumann (1811-1860), redentorista y obispo de Filadelfia, laboró incansablemente en el este de los Estados Unidos, estableciendo numerosas parroquias.

Juan Vianney

Juan Vianney, el Cura de Ars (1786-1859), un párroco y confesor popular, fue inspiración y consolación a los católicos franceses durante una época de confusión.

Teresa de Lisieux

Teresa de Lisieux, (1873-1897), "Santa Teresita del Niño Jesús", es una monja carmelita cuyas oraciones por las misiones le ganaron el título de "Patrona de las misiones".

Francisca Cabrini

Francisca Xavier Cabrini (1850-1917), fundadora de las Hermanas Misioneras del Sagrado Corazón, trabajó entre los inmigrantes italianos en los Estados Unidos.

La fe antes del Concilio Vaticano II

La Iglesia del Concilio de Trento no sufrió cambios en cuatrocientos años. Esta es la Iglesia que los católicos mayores recuerdan con mucho cariño. Va a la defensa para preservar la tradición católica, en la cual se detallan muy claramente las obligaciones morales. La moral que pregunta "¿Es esto un pecado?" implicaba la obediencia a las leyes y a los mandamientos. La Misa es la misma en todas partes, los ritos tienen uniformidad. El papa es quien tiene la autoridad por ser la cabeza de la Iglesia. Los católicos aceptanban las verdades de la fe incondicionalmente, porque temen ser excomulgados. Predominaba una piedad individualista que sólo tomaba en cuenta la relación personal relación con Jesús y las personas esperaban salvar sus almas y alcanzar la salvación eterna por medio de esa fe. La Iglesia era la sociedad perfecta que tenía todas las respuestas. La membresía en la Iglesia dependía de normas legales, de una afiliación externa y de una obediencia a las leyes de la Iglesia. Aunque esta Iglesia de Trento satisfacía las necesidades que vinieron después de la Reforma, la Iglesia necesitaba otra vez una reforma en un mundo que era totalmente diferente del mundo de la época de Trento.

El Papa León XIII (1878-1903)

El siglo veinte comenzó con el Papa León XIII, cuya personalidad, temperamento e ideología eran diferentes de las de su predecesor. León XIII se dedicó totalmente a las ansiedades y las preocupaciones de las personas laicas. La industrialización y la mecanización afectaron drásticamente la manera como se vivía la vida. Esto le presentó nuevos desafíos a la Iglesia. Las condiciones de trabajo, la pobreza, los sindicatos de trabajadores y los sueldos justos se conviertieron en asuntos que preocupó a la Iglesia en la época moderna. En este momento cuando la Revolución industrial cambió las vidas y las condiciones de trabajo, León XIII habló a favor de los trabajadores en su encíclica *Rerum Novarum* en el año 1891. Él continuó siendo un prisionero en el Vaticano después que Italia confiscara los Estados Pontificios, y él se mantuvo en contacto con el mundo a través de sus ochenta y ocho encíclicas y de miles de cartas.

El Papa San Pío X (1903-1914)

San Pío X, el primer papa canonizado desde Pío V, tuvo una agenda pastoral al papado. Pío X se preocupó por lograr el bienestar espiritual de las personas, por "restaurar todo en Cristo", abogó por la comunión frecuente e hizo posible que los niños también recibieran la comunión. Él condenó el modernismo, un intento por explicar las enseñanzas de la Iglesia de acuerdo a los conceptos filosóficos y científicos. Él se preocupó por la educación religiosa de todas las personas y estableció la Confraternidad de la Doctrina Cristiana (CDC) para los niños en las escuelas públicas. Él inauguró la revisión del Derecho Canónico, que se completó en el año 1917. A él le agradecemos su interés por la Acción Católica.

Durante su pontificado la Iglesia experimentó un cambio en su población debido a las inmigraciones. La población católica de los Estados Unidos aumentó drásticamente debido a que los irlandeses huyeron de la carestía de papas en su país y a que otras personas buscaron la libertad religiosa. Los Estados Unidos dejaron de ser un país de misión en el año 1908, y se convirtió en una nación que pudo mandar misioneros al extranjero. La Sociedad Misionera de América (conocida como Maryknoll) fue fundada en el año 1911 y hoy día se le reconoce por su misión en el campo de la educación y de la ayuda a los necesitados.

El Papa Benedicto XV (1914-1922)

Recordamos a Benedicto XV porque se mantuvo totalmente imparcial durante la primera guerra mundial. Su posición neutral expresaba su preocupación por la mediación y sus súplicas porque reinara la paz. Benedicto proveyó rehabilitación para las víctimas de la guerra y para los prisioneros de guerra y abogó para que el clero nativo recibiera educación. En el año 1917 se promulgó el Código de Derecho Canónico. Benedicto mejoró las relaciones con Francia cuando canonizó a Juana de Arco.

El Papa Pío XII (1939-1958)

Pío XI llegó al pontificado durante las negociaciones que trataban de decidir la "cuestión romana", el estado de Roma después que Italia asumió el poder de los Estados Pontificios. Cuando se firman los pactos de Letrán en el año 1929, la Ciudad del Vaticano se convirtió en una nación independiente dentro de Roma, con su propio dinero y estampillas de correo. (Estos pactos se volvieron a negociar en la década de los años 80. Se eliminaron los requisitos de la educación católica obligatoria en las escuelas italianas y de los salarios del clero).

Criado en Roma, hijo de un diplomático, Pío XII le dio dignidad y elegancia al papado. Aunque lo criticaron porque nunca dijo nada acerca del Holocausto durante la segunda guerra mundial, Pío XII escondió y salvó clandestinamente a muchos judíos del gobierno de Hitler.

El pontificado activo de Pío XII fue probado por sus cuarenta y un encíclicas y más de mil mensajes. No se puede descuidar la gran contribución de Pío XII a la enseñanza bíblica moderna con la encíclica *Humani Generis*, que definitivamente declaró que el Génesis no era una teoría científica, sino una declaración de fe.

La declaración de la Asunción de la Santísima Virgen María como dogma de fe en el año 1950 completó la teología mariana. Pío XII anticipó el Concilio Vaticano II cuando inició los cambios en la liturgia relacionados con el ayuno eucarístico, las Misas dialogadas en las cuales los seglares responden y los cambios de la liturgia durante Semana Santa.

El Beato Papa Juan XXIII (1958-1963)

Recordemos imágenes del pontífice simpático que todos creían era demasiado viejo y que no podía hacer nada digno de atención. ¡Qué opinión más equivocada! Dándose cuenta de que las sesiones del Concilio Vaticano I nunca habían terminado oficialmente y de que la Iglesia necesita renovarse para ser un testigo eficaz en el mundo, el Papa Juan XXIII convocó el Concilio Vaticano II en el año 1962. Recientemente lo beatificaron y se le recuerda por sus esfuerzos por lograr la unidad cristiana y por su encíclica *Paz en la tierra*, la primera que fue dirigida a todos los seres humanos, no sólo a los católicos.

El Concilio Vaticano II y su significado para la Iglesia y para el mundo

El Concilio Vaticano II, el evento religioso católico más significativo del siglo veinte, se relaciona con todas las áreas de la vida de la Iglesia. Con sus innovaciones drásticas no condena ni rechaza las prácticas católicas ni las expresiones doctrinales del pasado. Los Padres del Concilio se dieron cuenta de que la Iglesia ya no era eficaz en su misión y modernizaron prácticas que estaban pasadas de moda. El Concilio Vaticano II no dictó ninguna proclamación dogmatica ni doctrinal. Su enfoque principal es pastoral y ecuménico. Definió la naturaleza de la Iglesia como el pueblo peregrino de Dios. El papa no guía solo, sino en conjunto con los obispos en un espíritu de colegialidad. Ahora los obispos compartían la responsabilidad eclesiástica que antes se reservaba sólo para los papas. Los sínodos de los obispos, las convocaciones corrientes en Roma y las conferencias nacionales de obispos son verdaderas expresiones del espíritu de colegialidad.

El enfoque del Concilio Vaticano II es la Iglesia en la época moderna. Su preocupación principal es lo que hay que cambiar y lo que hay que preservar como la fe y la tradición de la Iglesia. Para lograr este objetivo, los dieciséis documentos del concilio tratan de cada aspecto de la vida de la Iglesia. El cambio más drástico se puede ver en la celebración de la Misa en el uso del idioma de la región o también llamada lengua vernácula, el papel de los seglares y el aumento en la tolerancia y en la comprensión hacia otras religiones.

El Papa Pablo VI volvió a convocar y poner en práctica el Concilio Vaticano II. Él promulgó las reformas litúrgicas y restauró el diaconado permanente, el cual permitía que los hombres casados pudieran ayudar en una capacidad litúrgica: la predicación, la administración del bautismo y el trabajo pastoral. De las siete encíclicas que Pablo VI escribió, *Humanae Vitae* es la más controvertida porque la encíclica prohibe firmemente el control de la natalidad por medios artificiales. Se le conoce como el "Papa peregrino" y es el primer papa que viaja por avión. Pablo VI visitó Tierra Santa, la India, Portugal, Turquía, América del Sur, las Islas del Pacífico, Australia y las Filipinas, donde sobrevivió un atentado a su vida en el año 1970. Interesado por la paz mundial, él dio un discurso a las Naciones Unidas en el año 1965.

El Papa Pablo VI (1963-1978)

Aunque su pontificado sólo duró treinta y tres días, este dulce pontífice que sonreía mucho es el autor de diecinueve mensajes. El no siguió la tradición cuando escogió dos nombres, se negó a llevar la tiara de coronación y se instaló con el palio o manto, que es una estola de lana

El Papa Juan Pablo I (1978)

simbólica. Él nos dejó un legado literario, *Illustrissimi*, creado durante sus días en el pontificado. En el mismo él conversa con personajes históricos y ficticios y discute lo que aprendemos de ellos.

El Papa Juan Pablo II (1978 –)

Este papa ha guiado a la Iglesia por los últimos veinticinco años del siglo veinte e introduce el nuevo milenio. Debido a que él es el primer papa polaco y a que experimentó las dificultades de una sociedad comunista, Juan Pablo es un papa para todas las épocas que habla en contra de la violencia y de la guerra, de la discriminación y del ateísmo moderno.

El Papa Juan Pablo II, para adaptarse a las circunstancias del mundo que cambian, actualizó el Código de Derecho Canónico en el año 1983 y en el año 1992 publicó una versión moderna del Catecismo de la Iglesia católica.

Juan Pablo II es el papa que ha realizado el mayor número de cosas y también las más originales. Él usa un reloj de pulsera, esquía, publicó una obra de teatro y es un lingüista muy talentoso. Él es el primer papa que entró en una mezquita cuando viajó a Damasco, Siria y él pidió perdón públicamente por el daño y por las injusticias que la Iglesia causó a través de los siglos.

El Papa Juan Pablo II ha canonizado a más santos que todos los otros pontífices. Él es el que más ha viajado, visitando más de cien países en más de noventa y tres viajes al extranjero. Él sobrevivió un atentado contra su vida en el año 1981.

La falta de salud y su edad avanzada no le han prohibido cumplir con las responsabilidades de su oficio y él se reunió con los líderes de todas las naciones y de todas las religiones. Al Papa Juan Pablo II se le conoce por su liderazgo firme y ortodoxo de la Iglesia. Él legado que está dejando no será fácil de igualar.

Los católicos destacados del siglo veinte

En cada época la Iglesia ha tenido sus testigos leales. El siglo XX no es la excepción. Aquí yo enumero a unos católicos contemporáneos que me inspiran en mi fe por ser excepcionales en la suya.

Dorothy Day (1897-1980)

Convertida a la fe y fundadora del movimiento llamado *Catholic Worker*, ella es una gran defensora de la justicia social.

Santa Catalina Drexel (1858-1955)

Una heredera rica que fundó las Hermanas del Santísimo Sacramento para trabajar con los nativos americanos y con los americanos de ascendencia africana.

San Maximiliano Kolbe (1894-1941)

Este sacerdote franciscano polaco, que fue un prisionero en el campo de concentración de Auschwitz, ofreció su vida para ocupar el lugar de un padre joven que iba a ser ejecutado.

Tomás Merton (1915-1968)

Un monje trapense en la Abadía de Getsemaní en Kentucky, Merton fue un escritor espiritual muy prolífico que escribió más de sesenta libros y un defensor del ecumenismo y de la justicia social. El se electrocutó accidentalmente en Bangkok mientras asistía a una conferencia ecuménica con monjes budistas.

El Obispo Oscar Romero (1917-1980)

Este obispo de San Salvador se ganó la enemistad del gobierno cuando habló en contra de las injusticias. Él sufrió el martirio mientras celebraba una Misa.

Fulton J. Sheen (1895-1979)

Sheen, Obispo de Rochester, Nueva York, fue un predicador muy dinámico y popular y un pionero en evangelizar por radio y televisión que llegó a millones de personas por medio de esos medios de comunicación.

Santa Teresa Benedicta de la Cruz (Edith Stein) (1891-1942)

Ella, una conversa del judaísmo, una escritora y filósofa, entró a las carmelitas y se convirtió en una víctima del gobierno nazi cuando murió en la cámara de gas en Auschwitz.

La Madre Teresa de Calcuta (1910-1997)

Fundadora de las Misioneras de la Caridad, ella recibió el Premio Nobel de la Paz por su labor incansable y su dedicación a favor de los enfermos, de los pobres y de los moribundos en la India.

La Hermana Thea Bowman (1937-1990), el Cardenal José Bernardin (1928-1996) y el Cardenal Juan O'Connor (1920-2000)

Estos líderes de la Iglesia y escritores nos demuestran no sólo cómo vivir, sino cómo morir. Por ser víctimas del cáncer, nos dejan un testamento de las experiencias que tuvieron y de las cuales escribieron.

Puede que haya otras personas cuyas vidas nos inspiran también, así que ¿por qué no compilamos nuestras listas personales?

La experiencia de la Iglesia después del Concilio Vaticano II

Imaginemos que somos unos católicos que regresamos al seno de la Iglesia después de haber estado alejados por unos años. Nuestra iglesia ha sido remodelada y ahora tiene una rampa para darles acceso a las sillas de rueda. Hay una capilla pequeña para celebrar la Misa durante la semana, para tener la adoración perpetua y la exposición del Santísimo Sacramento. Vemos que hay menos estatuas y que hay una mesa, de cara a la congregación, que sirve como altar.

Escuchamos a una persona laica que les da la bienvenida a los feligreses y vemos a ministros seglares que toman parte en la procesión de entrada. El celebrante está de cara a la congregación y un diácono y unos monaguillos, niños y niñas, ayudan en el altar. La congregación canta himnos que hemos escuchado en la radio en programas protestantes. Una persona seglar lee la epístola y otra persona invita a la congregación a cantar la respuesta al salmo.

El sacerdote que da la homilía nos mantiene al tanto de cómo la Iglesia le proclama la Buena Nueva al mundo y resalta que la Iglesia sana, que es un sacramento y una señal de Cristo, una comunidad de fe y una Iglesia peregrina, todavía imperfecta y en desarrollo. La homilía nos ayuda a ver la Iglesia del siglo XXI.

Una familia lleva las ofrendas del pan y del vino. Respondemos a las oraciones y nos tomamos de las manos durante la oración del Padre Nuestro. Les ofrecemos un saludo de paz a quienes nos rodean, recibimos la comunión en la mano y bebemos del cáliz que nos ofrecen los ministros eucarísticos. A esto le sigue un período de meditación durante el cual podemos orar y meditar en silencio. Experimentamos la Misa de una manera diferente y sentimos que somos parte de la misma. Después de la Misa los ministros laicos y el sacerdote nos saludan calurosamente y comparten algunos refrigerios con nosotros. Qué diferente de la época cuando casí no conocíamos a nadie y queríamos irnos corriendo de la iglesia. Decidimos leer más acerca de los cambios para que la Misa del domingo se pueda convertir en algo que le da significado a la semana que empieza.

Le damos un vistazo al boletín que menciona las actividades de la Iglesia. ¡Hay tantas innovaciones y nuevas actividades! La Iglesia de hoy día es tan diferente de la Iglesia que dejamos atrás hace años.

El párroco es el único sacerdote y es responsable por dos parroquias en las cercanías.

Un diácono, un hombre de negocios casado, trabaja en la parroquia ofreciendo sus servicios pastorales.

Vemos cambios en la manera como la comunidad se prepara para celebrar y la manera como celebra los sacramentos. Es un requisito asistir a clases de preparación para celebrar el bautismo y el matrimonio. La confesión, que ahora llamamos el sacramento de la reconciliación, no se celebra en un confesionario oscuro sino en el salón de la reconciliación y se ofrece la opción de recibirlo cara a cara o detrás de una cortina. Miembros de la parroquia visitan a los enfermos y a quienes no pueden salir de sus hogares para llevarles la Eucaristía. Se ofrece una unción comunitaria para los enfermos y se celebra una Misa de sanación para cualquier persona que esté enferma o que sea mayor. Ya no es sólo la "extremaunción" para quienes están a punto de morir. Se les recuerda a los miembros de la clase de preparación para recibir la confirmación que necesitan ofrecer sus servicios a la comunidad.

Las personas laicas tienen responsabilidades en la parroquia. Los maestros laicos trabajan en la escuela, los catequistas están a cargo de la educación religiosa y del programa RICA (Rito de Iniciación Cristiana para Adultos) para los conversos, otro seglar se ocupa de las finanzas de la parroquia, los proclamadores de la Palabra, los monaguillos, los cantores y los ministros eucarísticos sirven a la comunidad en la liturgia y de muchas otras maneras.

A través de la parroquia los cónyuges, los padres, las personas mayores, los adolescentes, los jóvenes, las personas solteras, las viudas y los viudos, las personas de la tercera edad y las que no pueden salir de sus casas tienen oportunidades de ejercer algún ministerio y de beneficiarse de algún ministerio también.

Hoy día parece que los católicos no sólo tienen oportunidades de asistir a la Misa del domingo, sino también a ser parte del desarrollo y del enriquecimiento espiritual a través de la adoración de la Eucaristía, del estudio de la Biblia, de los grupos de oración, de los retiros, de los grupos de apoyo y de la educación para los adultos.

La Iglesia trata de servir las necesidades de todas las personas a través de un comedor popular, de un centro de cuidado de niños, de un hospicio y de un banco de comida localizados en el convento que ahora está vacío. Debido a la escasez de vocaciones, las hermanas que ofrecen su ministerio en la parroquia viven en un apartamento pequeño.

Consideramos que un servicio de oración y diálogo con otras religiones en una iglesia protestante es un buen cambio. Todavía podemos recordar la época cuando a los católicos no se les permitía entrar en una iglesia protestante.

La parroquia también tiene una página en internet donde anuncia otras actividades. Esta es la Iglesia a la que pertenecemos. ¡Es una bendición regresar a ella! ¡Viva! ¡Enérgica! ¡Que hace la labor de Jesús!

Esta es la Iglesia del Concilio Vaticano II, una Iglesia renovada, pero una Iglesia en peregrinación.

Pensamos en los últimos quinientos año

Cuando pienso en la Iglesia de la época después de la Reforma hasta el presente, me maravillo al ver que la Iglesia ha sobrevivido. La Iglesia católica, como el legendario fénix, supera los obstáculos y vuelve a tener una fe más enérgica y viva. Esto prueba que el Espíritu Santo guía a la Iglesia a través de todas las dificultades. Después de cada contrariedad, la Iglesia revive con más fuerza y más determinación.

EL LIDERAZGO DE LOS PAPAS

Recordemos los cuarenta y ocho papas después de la Reforma. Aunque sólo dos papas, Pío V y Pío X, han sido canonizados, y tres, Inocente XI, Pío IX y Juan XXIII, han sido beatificados, cada siglo ha producido papas que han tenido un carácter impecable y que han sido sobresalientes en cuanto a su santidad. Los católicos se deben sentir orgullosos porque pueden obtener dirección de un líder que todo el mundo respeta. Puede que a veces no estemos de acuerdo con las decisiones que los papas toman, pero sin embargo buscamos el liderazgo de los papas. Le doy gracias a Dios por la sabiduría y la integridad que los papas de la época después de la Reforma han demostrado. Rezo porque el próximo papa que sea elegido siga haciendo realidad el testimonio de la Iglesia.

TESTIGOS HERÓICOS

Creo que los católicos han sido bendecidos con el testimonio de cientos de creyentes sinceros que vivieron su fe católica en su máxima expresión. La vitalidad de la Iglesia depende de las muchas órdenes religiosas que trabajan incansablemente por todo el mundo. De las cientos de comunidades religiosas que se fundaron después de la Reforma, muchas de ellas todavía continúan haciendo su labor tan noble.

Yo rezo por los miles de católicos que dieron sus vidas en el martirio, no sólo los que han sido canonizados que son muchos, sino de los héroes no reconocidos de las guerras religiosas, de la Revolución francesa y de los campos de concentración de la segunda guerra mundial.

La opinión mundial

Pienso en cómo el mundo cambió en los últimos quinientos años de la historia de la Iglesia católica. Cada época tiene sus propios desafíos. El mundo de hoy es muy diferente del que Jesús mencionó cuando dijo: "Vayan y hagan discípulos a todos los pueblos" (Mateo 28,19a), de los montes de Galilea a todos los rincones del mundo y más allá en el ciberespacio o en el espacio interplanetario.

La participación en los asuntos del mundo

Hoy día la Iglesia es una voz que expresa la preocupación por la justicia social, el respeto por la vida en todas sus etapas, la preocupación por los derechos políticos y por los que no tienen ningunas oportunidades. ¿Cómo podemos nosotros, como católicos, fomentar estas preocupaciones de la Iglesia?

La apreciación de las Escrituras

Los católicos, desde el Concilio Vaticano II, están volviendo a descubrir la Biblia. Aunque la Biblia se tradujo a muchos idiomas antes del Concilio de Trento, las advertencias de la Iglesia acerca de las versiones auténticas hizo que la Biblia ocupara un lugar secundario. Ahora se anima a los católicos a que estudien y recen la Biblia como una parte esencial de la fe católica cristiana.

Las cuestiones de la moral

La Iglesia todavía no está reformada. En este mundo moderno la Iglesia le hace frente a muchas cosas que no existían hace años. Consideremos la ingeniería genética, la clonación y otros asuntos relacionados con la reproducción, las investigaciones de la célula madre y los sistemas para prolongar la vida. Hoy día los católicos necesitan estar al tanto de las reacciones responsables morales a los descubrimientos maravillosos de la medicina que pueden tener grandes implicaciones morales. Todavía existen otros asuntos que sólo son especulaciones, pero la Iglesia no tiene ninguna postura en cuanto a los mismos, como por ejemplo, si hay vida en otros planetas.

Los desafíos

Las dimensiones de la moral y de la ética de los desarrollos científicos presentan muchos desafíos y la necesidad de descubrir el plan que Dios tiene para cada uno de nosotros. ¿Cómo es que nuestra vida hoy día promueve lo espiritual? ¿Cómo es que la Iglesia puede responderles a estas fuerzas exteriores? Nuestra familia de la Iglesia sufre muchos desafíos internos. ¿Cómo es que la Iglesia puede darles la bienvenida a tantas culturas? ¿Cómo es que las personas de una parroquia pueden apoyar una variedad de maneras de expresar la espiritualidad en su parroquia? ¿Cómo es que la Iglesia puede ser un instrumento eficaz del crecimiento y del apoyo espiritual de personas de diferentes edades y razas? ¿Cómo es que la Iglesia puede ser precursora de la paz en áreas que están divididas por las rivalidades religiosas y el odio? ¿Cómo es que la Iglesia puede continuar su misión si hay tan pocas vocaciones al sacerdocio y a la vida religiosa? ¿Cómo es que la Iglesia puede cubrir las necesidades espirituales y físicas de nuestra época? A pesar de que somos una sociedad avanzada, a veces nos enfrentamos a mayores desafíos que en otras épocas del pasado. Estas son cuestiones que no se han resuelto y que todavía afectan el curso de la Iglesia. Lo importante no es cómo los seres humanos tratemos de resolver esos problemas. Lo importante es que podemos estar seguros de que el futuro de la Iglesia está en buenas manos, las manos de Dios. Jesús ha prometido, "Yo estoy con ustedes todos los días hasta el final de los tiempos" (Mateo 28,20b).

Al concluir nuestra peregrinación nos damos cuenta de que esta peregrinación no ha llegado a su fin. Nos invita a continuar en nuestro propio llamado de seguir y de hacer que la misión de Jesús en el mundo sea una realidad. Todos nosotros tenemos nuestro propio lugar en la Iglesia y le damos vida a la misma por la manera como somos testigos de lo que Jesús ha pedido, "Pero es necesario que antes se anuncie la buena noticia a todos los pueblos" (Marcos 13,10). Todos nosotros, de nuestra propia manera, podemos realizar esto. La Iglesia es tan fuerte como el Pueblo de Dios. Examinemos nuestras vidas. ¿Cómo estamos promoviendo el Reino de Dios en la tierra? ¿Tiene la Iglesia un impacto mayor en el mundo debido a nuestra presencia en el mismo y a nuestros esfuerzos personales?

La reflexión al final de la peregrinación

Hoy día el futuro de la Iglesia está en nuestras manos. Estamos escribiendo la historia de la Iglesia, viviendo en una época cuando no podemos sólo examinar nuestro interior y pasivamente esperar el fin del mundo.

El mundo necesita un guía espiritual y un recordatorio del Reino de Dios aquí en la tierra. Ojalá que continuemos haciendo nuestra parte para edificar el Cuerpo de Cristo en el mundo. Amén.

Bibliografía

Bokenkotter, Thomas. *A Concise History of the Catholic Church*. Doubleday; NY, 1977.

Bunse, Matthew. *Encyclopedia of Church History*. Our Sunday Visitor; Huntington, IN, 1995.

Catholic University. *New Catholic Encyclopedia*. McGraw Hill; NY, 1967.

Stravinskas, Peter, ed. *OSV Catholic Encyclopedia*. Our Sunday Visitor; Huntington, IN, 1991.

Pennock, Michael. *The Catholic Church Story*. Ave Maria Press; Notre Dame, IN, 1991.

McBrien, Richar P., ed. *The HarperCollins Encyclopedia of Catholicism*. Harper Collins; NY, 1995.

Collins, Michael, y Matthew Price. The Story of Christianity. DK Publishers; NY, 1999.